市场营销与战略管理

田巧莉 著

吉林科学技术出版社

图书在版编目（CIP）数据

市场营销与战略管理 / 田巧莉著. -- 长春：吉林科学技术出版社，2019.12
ISBN 978-7-5578-6167-4

Ⅰ．①市… Ⅱ．①田… Ⅲ．①市场营销—营销战略—研究 Ⅳ．①F713.54

中国版本图书馆CIP数据核字（2019）第232657号

市场营销与战略管理

著　　者	田巧莉
出 版 人	李　梁
责任编辑	端金香
封面设计	刘　华
制　　版	王　朋
开　　本	185mm×260mm
字　　数	250千字
印　　张	11
版　　次	2019年12月第1版
印　　次	2019年12月第1次印刷
出　　版	吉林科学技术出版社
发　　行	吉林科学技术出版社
地　　址	长春市福祉大路5788号出版集团A座
邮　　编	130118

发行部电话/传真　0431—81629529　　81629530　　81629531
　　　　　　　　　　　　　81629532　　81629533　　81629534

储运部电话　0431—86059116
编辑部电话　0431—81629517

网　　址	www.jlstp.net
印　　刷	北京宝莲鸿图科技有限公司
书　　号	ISBN 978-7-5578-6167-4
定　　价	57.00元

版权所有　翻印必究

前　言

　　进入 21 世纪后,世界经济全球化的浪潮正向我们汹涌袭来,企业之间的竞争变得日趋激烈,没有竞争优势的企业根本无法生存。现代营销理论强调,企业只有不断满足顾客的需求,才能生存和发展。任何企业都在追求一种理想的竞争地位,这是企业试图建立有利、持久优势市场地位的基础和前提。企业可以通过营销战略或策略来增强或削弱在市场中的竞争地位。当今环境变化多端,竞争日趋激烈,消费者越来越成熟、理智,企业要想保持旺盛的生命力,就必须深入地思考如何持续地提供出众的客户价值。唯有如此,企业才能赢得消费者,才能赢得竞争优势。这是本书所持的竞争观点。而所有企业要获得竞争优势就必须做到产品能成功地销售出去。而要想产品以好价钱卖出去,加快资金回笼的速度,这就需要全面、清晰、深刻、前瞻性的行销策略!本书正是汲取了行销思想的精髓,将其贯穿于整个行销过程的各个环节,形成了一套贴近现实、可操作性强、系统化的行销策略。

　　市场营销与战略管理是基础市场营销学中分离出来的一个新的重要分支。它是营销管理哲学的延伸与扩展。市场营销与战略管理的研究只有建立在行销和竞争两个基本任务基础上,如何采取有效的策略和方法,使得企业能够永续经营和持续发展。它是建立在哲学、数学、经济学、行为科学、现代管理理论基础之上的现代管理应用学科。

　　本书不仅为培养未来从事市场营销的高素质的理论研究者和实践人才提供理论武器,还可为当今企业从事市场营销的在职人员提供必要的指导,本书的主要特点:

　　将市场营销与战略管理置于经济全球化及知识经济发展的背景下进行研究,由此揭示出在新的环境下营销战略与管理的特点。诸如当今世界,企业的任何经营行为都可视为营销行为,企业战略管理实际上是市场营销战略管理。从竞争和行销的视角深入地阐释市场营销战略与管理之间的关系,突出市场营销战略与管理之间的承接和联系。

　　本书案例选取追求丰富和实用性。战略部分案例综合性强,管理部分主要以小案例为主,符合这两部分的学习要求和特点。

　　本书在撰写过程中借鉴、吸收了大量著作与部分学者的理论作品,在此一一表示感谢。但由于时间限制加之精力有限,虽力求完美,但书中仍难免存在疏漏与不足之处,希望专家、学者、广大读者批评指正,以使本书更加完善。

目 录

第一章 认识市场营销 1
　　第一节　市场营销的概述 1
　　第二节　市场营销的演变及发展 4
　　第三节　市场营销的环境分析 10

第二章 认识战略管理 17
　　第一节　战略管理的概述 17
　　第二节　企业的使命与价值观 22
　　第三节　战略决策 26

第三章 市场营销的战略 29
　　第一节　市场营销战略概述 29
　　第二节　市场营销战略分析 33
　　第三节　市场营销战略选择 43

第四章 市场营销的战略管理 66
　　第一节　市场进入管理 66
　　第二节　产品管理 82
　　第三节　价格管理 90

第五章 市场营销与战略管理的实施 109
　　第一节　市场营销战略问题识别与业务管理模式 109
　　第二节　市场营销计划 112
　　第三节　市场营销战略组织 117
　　第四节　市场营销战略人力资源与领导行为 124

  第五节 营销战略控制与审计 131

第六章 市场营销与战略管理案例分析 143
  第一节 市场营销案例分析 143
  第二节 战略管理案例分析 147

第七章 市场营销安全与战略管理创新 154
  第一节 市场营销安全战略 154
  第二节 营销战略管理创新 160

参考文献 168

第一章　认识市场营销

　　营销是一门应用科学，研究市场营销活动及其规律性。它吸收优秀的成就经济学、管理心理学、行为科学、社会学和其他学科，致力于循环的研究机构和流通过程的运行机制，并探讨了消费者和供应商的行为准则。营销中发挥着越来越明显的作用和效益在企业的经营和发展，企业越来越多的关注。国际经济的一体化和市场日益模糊的地域界限，企业要生存和发展，就必须了解市场，了解市场，分析市场，遵循适当的营销理念，采取适当的战略和战略来适应市场，引导消费。

第一节　市场营销的概述

一、市场营销及相关概念

（一）市场营销的含义

　　著名的市场营销学者菲利普·科特勒教授定义营销作为一种社会和管理过程中，个人和团体通过创造和交换产品满足他们的需求和欲望和价值观。从这个定义，三个主要的营销理念可以总结道。

　　（1）市场营销的最终目标是"满足个人或群体的需求和欲望"。

　　（2）市场营销的核心是"交换"。交换是一种社会和管理过程，积极寻求机会以满足双方的需求和欲望。

　　（3）交换过程能否顺利执行的程度取决于企业所创造的产品和价值满足顾客的需要和交换过程的管理水平。

（二）市场营销的核心概念

　　营销全面和详细的研究，我们应该首先掌握它的一些核心概念，包括需要、欲望、需求、产品和服务，价值观、交流和交易，市场营销和市场营销人员，如图1-1所示。

　　1. 需要

　　构成的最基本概念营销是人类的需要，需要是指感觉的状态，人们不得到一些满足。人需要空气、食物、衣服、住房安全，感情，和其他的东西在他们的生活中。这些需求不是由社会或业务。

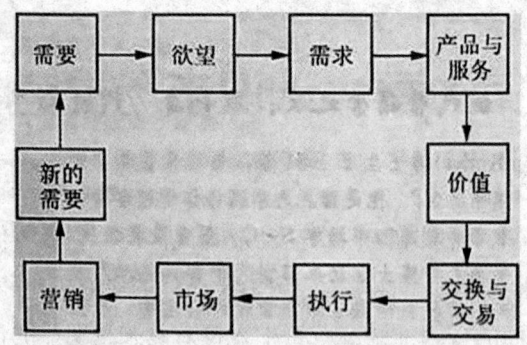

图1-1 市场营销核心概念循环关系

2. 欲望

欲望是希望获得这些基本需求的具体满意度或手段。一个人需要食物,想要一个馒头;需要被尊重,想得到一个设计师。

3. 需求

需求的愿望能够并愿意购买商品或服务。人们的欲望几乎是无限的,但资源是有限的。因此,人们希望用有限的钱选择最大的商品或服务的价值和满意度。当有购买力,渴望成为需求。

4. 产品与服务

产品或服务是满足人的需求和欲望。一个产品的价值不在于拥有,但是在满足它给我们的欲望。例如,人们买车不是看它,但是它所提供的运输服务。

产品只是一个工具服务。这种汽车可以对象或"服务"等人,地方,活动,组织和思想。

5. 价值

"客户价值"之间的区别是购买一个产品的成本和拥有它的价值。面对各种产品在市场上的选择,买方估计,每个产品的价值在同一类别,然后购买产品最高的价值。

6. 交换与交易

交换获得的行为是来自另一个以换取自己的东西。人们可以获得以各种方式满足他们的需求或欲望,如沉着、征用、乞讨和交换。其中,只有营销的交换在市场营销。

交换必须满足五个条件:第一,必须至少两党交流;第二,每一方都有价值的东西,其他的需要;第三,每个党都有沟通的能力和发货;第四,每一方是自由接受或拒绝;第五,每一方认为不合适或者需要应对另一方。

交易是指交易的基本单位,这是两党之间的交换价值。交流是一个过程,是由双方达成协议。

7. 市场营销与市场营销者

作为交换,如果一方比另一个更加积极和主动寻求交换,我们称之为前营销人员和后者潜在客户。换句话说，一个营销人想要别人的资源，愿贸易对他们有价值的东西。营销者可以卖家或买家。当买家和卖家都是积极的，都被称为市场营销者，这种情况被称为共同销售。

二、市场营销管理

（一）市场营销管理的概念及本质

营销管理是一个过程，规划和实施概念化，定价、分布、和推广的想法，产品和服务，以创造一个实现个人和组织目标的交换。营销管理是一个过程，包括分析、规划、执行和控制。它所管理的对象包含理念、产品和服务。营销管理的基础是交换，目的是满足各种需求。

营销管理的基本任务是管理需求水平、需求时间和需求构成的目标市场，通过市场研究、规划和控制，以促进企业目标的实现。因此，市场营销管理的本质是需求管理。

（二）需求状况及其营销管理任务

在现实生活中，可能会有不同的需求在任何市场条件。八个不同需求条件可以得出结论根据不同需求水平、时间和性质。营销管理的任务与目标市场不同。

1. 负需求

负需求指的是对某些产品或服务的需求状态，大多数人不喜欢或避免成本。例如，晕车的人宁愿花更多的钱坐火车旅行。消极需求，营销管理的任务是"扭转营销"，即分析市场为什么不喜欢这种产品，通过重新设计产品，降低价格，采取更积极的促销方案来改变市场对这种产品的信念和态度，从而将消极需求转变为积极需求。

2. 无需求

无需求指的是目标市场的状况不感兴趣或对产品，如无用的废料，产品不符合消费者的需求，产品，客户不理解等。没有需求，营销管理是"激励营销"，即通过大力推广和各种营销措施，试图将产品所能提供的服务与人们的需要和利益，改变"不需求"到"需求"。

3. 潜在需求

潜在需求是隐藏的条件无法满足现有产品或服务的需求，如无害香烟，节能汽车，癌症特异性药物。潜在的需求，营销管理的任务是"发展营销"，即，进行市场研究和测量潜在市场范围，以便制定有效的新产品和服务来满足这些需求和潜在需求转化为现实需求。

4. 下降需求

下降需求指条件中，某些产品或服务的市场需求会减少，当产品进入饱和期。在需求下降的情况下，营销管理任务是"恢复性营销"，即分析需求下降的原因，决定是通过开拓新的目标市场，改变产品特性，还是采取更有效的激励手段刺激需求，使旧产品产生，开始新的生命周期，通过创造性的产品营销，再次扭转下降的趋势。

5. 不规则需求

不规则需求指对某些产品或服务的需求变化很大从一季到下一季，不时地，甚至每个小时的一天。不规则需求，营销管理的任务是"同步营销"，即改变不规则需求定期通过调整计划需求不同的人，不同的城市、灵活的定价和大力推广。

6. 充分需求

充分需求指的是需求水平和时间的需求对某些产品或服务符合预期的需求水平和时间，这是一个最优的需求情况。充足的需求和市场营销的管理任务是"维持营销"，它密切关注消费者的偏好和竞争情况，经常对消费者的满意度进行调查，不断提高产品质量，通过降低成本维持合理的价格，刺激销售人员和经销商销售，维持目前的需求水平。

7. 过量需求

过量需求指市场水平对某些产品或服务的需求超过供应的水平一个企业能够或愿意提供。过度需求，营销管理的任务是"抑制营销"，也就是说，暂时或永久减少市场需求通过提高价格，合理分布的产品，减少服务和推广，这样过度的需求成为一个适当的需求。

8. 有害需求

有害需求指对某些有害的产品或服务的需求，如香烟、酒精、毒品、色情电影和书籍。有害需求，营销管理的任务是"抵抗营销"，也就是说，大力宣传严重危害的有害产品或服务，大幅提高价格，停止生产，这样有害需求消除。

第二节 市场营销的演变及发展

一、市场营销的演变

市场营销是基于从自由竞争资本主义过渡到垄断资本主义在 19 世纪和 20 世纪初，迄今经历了四大阶段。

（一）形成阶段

从 19 世纪末到 20 世纪 30 年代，它是现代市场营销的形成时期。在此期间，随着垄断资本主义的出现和应用先进的科学管理方法和生产技术，企业的生产力逐步提高，生产能力的增长超过市场需求的增长率，以及一些产品的销售遇到的困难。为了解决产品销售问题，一些企业，根据企业销售活动的需要，开始关注促进商品和刺激需求，注重市场营销和广告的研究和使用。与此同时，一些经济学家根据企业销售的实际需要，开始研究这个问题的产品销售理论，营销专著出版在美国，营销也出现在一些美国大学课程。1905 年，他教一门课程叫"产品营销"宾夕法尼亚大学。1910 年，巴特勒在威斯康星大学教授"营销方法"。1913年，薇莉达在威斯康星大学教授"农业营销"。1912年，哈佛大学的教授赫兹克出版营销教科书的基础上教学"营销"课程和参观一些大企业主。1916年，薇莉达发表"农产品营销"；巴特勒在1917年出版营销的方法。其中，营销教科书的出版由哈佛大学教授赫兹克被公认为一个里程碑出现的销售科学作为一门独立的学科。然而，在此阶段市场营销的研究主要集中在营销问题，分销和广告，仅限于一些大学的课程。它并没有引起社会的注意，不应用于企业的营销活动。

（二）应用阶段

从20世纪30年代到第二次世界大战的结束，市场逐渐应用到企业产品的销售过程。从1929年到1933年，资本主义的经济危机震惊了西方世界。由于严重的生产过剩，大量的产品积压，商品销售困难，导致大量企业关闭。从20世纪30年代开始，很明显，主要资本主义国家有更多的供给比需求。面对尖锐的营销问题，企业不需要解决如何扩大生产，降低成本，而是如何销售产品。为了遵循这一趋势，不仅企业主广泛使用各种营销和广告技术，而且营销学者提出"创造需求"的概念，并开始注重市场调研，分析，预测和市场需求的刺激。

销售和广告教师协会成立于1926年。美国销售协会成立，1931年成立了一个销售培训业务经理研讨会。理论与实践的结合，促进了企业营销活动的发展，同时，它也促进了市场的发展。然而，营销在这个阶段仍局限于产品的推广，广告和促销策略，只是限于流通领域。

（三）变革阶段

自20世纪50年代以来，市场营销的原则和概念已经发生了许多重大变化，和现代营销已经逐渐成形。与第二次世界大战结束时，一方面，因为美国迅速扩张的军事工业民用工业；另一方面，与第三次科技革命的不断深化，劳动生产率大大提高，产品的数量急剧增加，设计和品种变化日新月异。与此同时，西方国家吸取了经济危机的教训，实行了高工资、高福利、高消费、缩短工作时间的政策，极大地提高了人们的消费购买力，使西方国家的市场需求在数量和质量上都发生了巨大的变化。市场的基本特征和趋势是进一步产品供过于求，而消费者的需求和欲望是不断变化的，因此市场竞争的范围更广泛、深入地，和企业的操作压力增加。显然，原来的销售研究越来越不能适应新形势的要求。营销学者们提出了许多观点，生产者提供的产品或服务应该满足消费者的需求和欲望，以及营销活动的本质是企业的创造性适应动态环境，讨论了他们的作品。因此，营销大大超过原来的流通领域扩展到生产领域和消费领域。市场营销的基本概念的转换是被西方学者在营销和"革命"与工业革命。

在此期间，许多学者提出了六个新概念，菲利普·科特勒称为里程碑：1950年，尼尔薄敦首次提出"市场营销组合"的概念；同年，乔尔院长提出了"产品生命周期"的概念；西德尼·利维介绍了1955年"品牌形象"的概念；1956年，温德尔·史密斯提出了"市场细分"的概念。1957年，约翰·麦克金图里克开发了一种哲学概念的"营销"；安倍·克曼介绍1959年"营销审计"的概念。

（四）创新、成熟阶段

20世纪的60~70年代，增长与消费经济学、管理学、营销学、心理学、社会学等理论紧密结合，逐渐成为一门成熟、全面的管理学、管理学学科，一系列新的营销著作相继问世，并受到企业界的广泛关注和应用。营销的内涵也在不断地更新和扩大，特别是"市场营销组合"，"社会营销"的概念和菲利普·科特勒的"大市场营销"理论。

在此期，代表作出杰出贡献包括杰罗姆·麦卡锡和菲利普·科特勒营销理论。在书中基本的营销，杰罗姆·麦卡锡首次明确提出"4p"组合的概念，即市场营销组合的产品，价格，地点和推广。菲利普·科特勒是世界上最著名的营销专家。他的专著"营销管理"已经重印了十次自1967年首次出版以来，已被翻译成多种语言，发挥了伟大的作用在市场营销理论的研究和应用在世界上许多国家。

以上简要说明了市场营销的发展。从中可以看出，营销的演变是随着商品经济的发展和营销实践的增多，营销理论和方法不断创新、丰富、发展和完善的过程，也反映了企业管理从过去到现在的演变。可以预测，随着社会的发展，新概念营销将继续出现，并不可避免地会有各种各样的新见解，新思想和新方法。营销理论肯定会向更深层次发展，从而更好地服务营销的实践。

二、市场营销的发展

自进入21世纪以来，市场营销理论和实践已发生了显著变化。首先，市场的变化，电子商务的产生和发展，在很大程度上减少了一系列销售；零售商店娱乐服务增强；企业为客户做很多详细的和独特的工作；降低成本和小利润销售将成为主流，销售人员的作用更加突出；品牌概念提升为突出的位置；竞争优势是一个法宝赢得业务；关注"顾客价值"已经成为市场营销的一个新概念。

新科技革命的成果将推动人类物质文明推向新的高度；新技术发明使人类摆脱沉重的体力劳动在最大的程度上和有更多的时间从事创造性思维活动。新材料和新技术的发明改变了人类对自然资源的依赖，使它更可能为他分配资源。生物工程技术不仅是改变地球上的生态环境，而且影响人类的延续（如遗传密码的破译，对人类生殖和遗传）构成新的挑战。新的管理技术使管理工作更科学、有效；计算机技术的发展，特别是通信技术，使得世界市场更紧密地联系在一起。面对这一系列的变化，企业必须改变过时的观念在传统观念的一部分来满足未来的挑战。自1998年9月以来，英国《金融时报》陆续发表了题为《21世纪的营销》系列的文章，汇集了世界著名的教授，负责21世纪市场营销的重大变革，包括新趋势的营销、未来营销理念的新特点、重视客户价值、营销理念的营销和营销技巧。

（一）菲利普·科特勒关于市场营销新趋势的预言

菲利普·科特勒教授，西北大学凯洛格管理学院毕业，后在国际营销新趋势预测2005的标题"从这里去哪里"。到目前为止，这些预测基本上成真。

（1）由于电子商务的发展，出现了大量批发和零售之间的非中介化。事实上，消费者可以买到他们想要的任何产品，而不必亲自去商店。消费者可以从互联网获得任何产品的照片，阅读产品手册，从自动售货机购买最好的价格和条款。

（2）商品零售商看到交易的数量逐渐下降。改变，越来越多的零售商开始运行娱乐项目和构建影院在他们的商店。现在许多书店、食品店和服装店提供咖啡店和艺术讲座和电影放映。本质上，这些商店是促进"体验"，通过优质的服务为客户提供一个良好的消费体验，而不是卖产品本身。

（3）大多数企业已经建立了一个特殊的顾客基本资料，包括———一个客户在商业活动的表现和他们的特殊需要。他们可以用这些材料来为个人客户提供大量的定制产品。

（4）企业做一个出色的工作在想象力方面超过了消费者的期望。因此，他们的竞争对手发现越来越难以赢得新客户。大多数企业花费更多的时间在寻找方法来销售更多商品和更好地为顾客服务。

（5）公司试图说服他们会计部门通过个别客户产生更多的实际利润，产品，销售渠道。现代公司都专注于这些领域。

（6）公司已经从一个必要的愿景达成协议建立忠诚客户的愿景。许多企业已经形成了服务客户的理念。公司在许多方面，他们经常提供消费品以更低的价格和可以承受的损失在每个事务更低的利润，因为它是长期销售合同下进行。

（7）超过60%的大多数企业的活动，需要现在需要执行或从外部获得。一些企业甚至完全完成他们的业务通过外，这使得他们实际上拥有只有少数资产，从而获得惊人的回报。

（8）许多领域的销售人员比公司员工有更多的特权。配备电子自动化营销工具，它们能够开发自己独特的产品，可以显示在多媒体、定制的市场需求和生产按照合同要求。大多数消费者宁愿与销售人员通过计算机交互与销售人员面对面。越来越多的销售人员出现在各种各样的电子媒体，有更少的旅行机会和更少的航班。有效的销售人员往往是消息灵通的，受客户欢迎的，愿意倾听别人的意见。

（9）有超过500个频道，很多电视广告已经消失了。有更少的广告在报纸和杂志上。

（10）企业不能永远保持它的竞争优势（专利、版权以及专有信息的地位等优势除外），有些企业可以通过快速查找，改变别人的过程和结果，复制别人的企业有任何优势，企业只能始终保持快速学习的优势和尽快跟上形势变化的能力。

（二）未来营销观念的新特征

市场营销学副教授卡彭特西北大学凯洛格管理学院毕业，相信未来的营销概念将消费者学习，品牌视角和决策的竞争优势。

在传统的市场营销的概念，营销的内容是"给了顾客他们想要的东西"。公司应该分析买家想要的是什么，找到有效的方法来满足这一需求。基本上，营销是一个探索活动，和主要的前提是买方知道他或她想要的。相比之下，越来越多的营销策略的基础上，假设买主不知道他们想要什么至少在购买之前，和"学习"他们想要的东西。

根据客户的传统观念，他们如何看，评估和选择品牌是基本的"游戏规则"，必须遵循所有竞争对手。此外，如果买家的期望通过学习生成，品牌认知和偏好是学习的结果。新兴的想法是，营销是一半学习一半教学。半教学指买方知道和了解买方的学习过程和买方学习过程中发挥作用。这是一个市场驱动和市场驱动的行为。

1. 消费者学习

消费者学习的本质主要是促进其学习目标。一切组织和个人，他们正试图达成的目标。个人的目标可能是"看上去年轻"；我们的目标可能是"行业第一"。个人和组织转向品牌实现他们的目标。许多的品牌或产品类别人需要是显而易见的。目标相关的产品类别和品牌逐渐从一组简单的实际的目标改为一组复杂的实际和爱好的目标品牌。我们的目标是密切联系的提升企业竞争力具有重要意义。传统的观点是，客户只比较品牌一方面，和品牌之间的比较是非常简单的。现代营销的新概念认为，买方有很多方面的目标，和一些品牌可以与多个目标通过一个独特的组合在同一类别的产品。

2. 品牌观点

品牌的观点有许多重要的功能。首先，消费者不一定平等对待品牌相同的商品。其次，即使联想是相同的品牌，人们会感觉不同。这是因为协会不生动。的过程中逐渐形成品牌的意见是对营销观念和竞争性质具有重要意义。如果消费者知道他们想要什么，它们形成的主观期望和确定相应的品牌。此外，如果买方的观点是学习和学习取决于品牌战略，营销目标有很大的不同。这是竞争对手无法模仿的方式塑造品牌认知的过程，为了创建一个巨大的品牌和竞争对手之间的差距，差距在感知丰富。

3. 品牌偏好

在每个类别，消费者了解产品满足不同的目标。一开始，买家不知道如何评估产品的特性，所以他们无法判断另一种品牌。买家可以选择品牌有不同的好恶。客户可能想知道：什么是我喜欢的品牌的特点和特征是什么品牌我不喜欢？因此，买家开发一个简单的"理论"品牌特征与满意度、广告和重复购买强化他们对品牌的选择。在这个过程中，根据买家偏好趋势逐渐形成与发展的经验和品牌战略。这表明，客户想要依赖于客户有相关经验。品牌战略可以相应地发挥决定性的作用，并产生持久的影响。

4. 做出决定

事实上，人们通常选择品牌以多种方式，根据具体情况和需求的决定。学会选择买家的标准取决于品牌战略。如果所有品牌的目标是实现相同的目标，更容易比较的品牌，和买家可能会比较所有选项。在更复杂的情况下,买方可能采用一种简单的策略。例如,在一个市场充满了许多品牌,每个品牌都有自己的复杂的目标结构,很难进行比较。买方可能需要一个更简单的方法基于他自己的标准。例如,一个消费者可能买品牌折扣或推荐的一个朋友。

5. 竞争优势

消费者学习对竞争性质和竞争优势意义深远。如果买方"学习"他或她想要什么,企业的竞争来满足消费者的需求是不那么重要了。相互竞争的公司,更重要的是如何引导和影响市场竞争观念,偏好和选择。

(三)重视顾客价值

肖恩·米洛桑国际管理发展学院市场营销和战略管理教授,瑞士和帕特里克·巴威茨伦敦商学院管理和营销教授,是一本倡导顾客价值的合作者。这可能是另一个重申"客户是上帝"。顾客价值是指顾客的平衡以下两个方面:从一个特定的产品或服务获得的总收益和总成本在购买或拥有它。比较另类的产品后,客户选择一个他们认为会给他们带来最大的利益。因此,值是一个相对的概念,竞争对手提供的好处。

1. 市场意识

企业创造客户价值的能力首先取决于其对市场的理解能力,即了解客户现有和新兴需求的能力,竞争对手的能力,以及技术、社会和人口的发展趋势,这将决定未来的市场和竞争格局。公司继续使用以下关键措施,增加对客户价值的理解。①市场调研与分析。根据欧洲市场研究所的委托市场调查成本世界市场增长更快的在 1990 年和 1996 年之间。②高级经理人员同顾客接触的计划。现在,常见的使用者和服务公司的高级管理人员和最终用户和听到他们的意见公司及其竞争对手的表现。③密切关注竞争对手的动向。现代企业监测竞争对手划分为三个日益复杂类:跟踪记录和图表,解释原因,和预测。其中,解释原因意味着经理认为仔细的情况,并解释了原因。第二种类型的分析通常是执行一个大型交易尚未获得时,或者当一个有吸引力的新产品或制造过程出现了。

2. 改善经营状况

许多研究的支持下在马萨诸塞州剑桥学院市场营销已经表明,公司可以创造客户价值,实现所需的性能,如果他们开发一个更正确和普遍对市场的理解。因此,重要的是要区分哪些公司是真正以市场为导向的。没有真正以市场为导向的公司,学习发生了什么,仅仅是因为它的流行或被认为是最佳实践。霍顿学院的市场营销教授乔治·天列出四个方面相互交织的市场化:评估,认识到市场,联系客户,战略思维过程,机构和系统的相互作用。所有这些将为创造客户价值奠定基础。管理评价体系有很大影响的能力创造客户价值最高的其他三个方面。面向市场的评价体系的特点是灵活性,风险承受能力,主动性和非企业参考标准的采用。结果 400 多家英国公司的调查表明,这种系统往往更有竞争力,因为他们的动机是创造客户价值。结果表明,理解市场活动是最重要的一个与这个评价体系带来竞争优势。例如,当企业服务,大多数咨询公司有一个统一的客房服务团队客房服务部门的关键球员。战略思维过程的一个重要方面之外的以市场为导向的企业关注企业和市场的进一步发展一个准确的理解通过与客户联系,也就是说,想要击败的竞争对手竞争。总经理扮演着积极的角色,许多客户参与的业务。此外,过程应该定期性。

第三节　市场营销的环境分析

一、宏观环境分析

宏观环境指的是主要的社会力量,可能会造成市场机会或环境威胁企业的营销活动,包括人口、经济、自然环境、科学技术、政治法律、社会文化等因素,如图1-3所示。

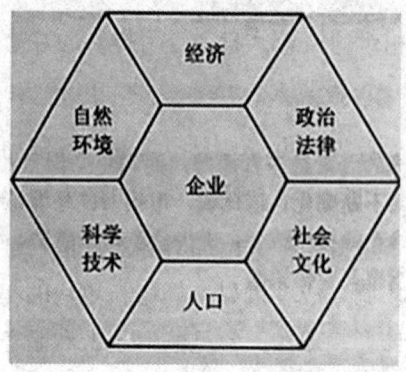

图1-3　宏观环境

(一)人口环境

营销认为,市场是由人的欲望和能力买,和人类需求是企业营销活动的基础。因此,人口调查是企业把握需求的关键动力。

1. 人口总量

一个国家或地区的总人数是一个重要的因素,决定了市场规模和潜在的需求。通过统计分析一个国家的人口,国民收入,调查一个地区的人口和居民货币收入,我们通常可以理解市场容量的大小和购买力水平。

2. 人口地理分布

人口的地理分布密切相关,市场消费需求。人生活在不同的区域,受地理环境、气候条件、自然资源和海关,会有很大的差异,消费者需求的类型和数量,购买习惯和行为。最明显的是居民在不同的领域有不同的口味的衣物和食品。

3. 人口构成

人口组成包括文化素质、职业特征、人口的性别和年龄结构。这些因素的存在将对消费需求的影响不同。

4. 家庭单位及人数

家庭是社会的细胞和商品采购的基本单位。家庭单位的数量在一个市场和家庭成员的平均数量对营销活动有很大的影响。

当家庭单元数量的增加，对厨房电器的需求，家具和电器增加。家庭规模相应的减少需要商品的功能和设计满足小家庭的需要。

（二）经济环境

经济环境是一个重要因素，构成了市场和影响市场的大小。它指的是社会经济状况和国家经济政策企业的生存与发展所依赖，主要包括经济发展水平、消费者收入水平，消费支出模式，消费者储蓄和信贷条，如图1-4所示。

图1-4　经济环境

1. 经济发展水平

经济发展水平包括国内生产总值等因素，工业和农业国内生产总值、国民收入、速度的发展，基础设施建设规模、主要产品的输出。高水平的经济发展，人均收入高，社会购买力，市场机会；相反，经济衰退，市场将萎缩，企业营销活动将构成威胁。

2. 消费者收入水平

消费者的购买力来自消费者的收入。因此，消费者的收入限制数量的消费者的开支和支出模式的差异，从而影响市场的大小。

分析消费者收入在一个国家或一个特定的市场也需要区分名义收入和实际收入。由于消费者的收入往往是影响产品的价格，名义收入和实际收入之间的变化是不一致的。

3. 消费者支出模式

消费者支出模式指的是消费支出的比例，即消费结构。消费者支出模式影响因素包括消费者的个人收入、家庭生命周期、消费者的家庭地位。

经济理论，研究消费者支出模式的变化被称为恩格尔定律。恩格尔系数是国际上用来决定一个国家或地区的富裕程度，并指出潜在的购买力。恩格尔系数是指食品支出在总消费支出的比例。恩格尔系数越小，富裕的生活和更大的购买力。恩格尔系数越大，越低的生活标准和购买力越小。

4. 消费者储蓄与信贷状况

（1）消费者储蓄状况

在一个给定的消费者收入、储蓄越多，越少的购买力和实际消费；相反，越少储蓄，实际购买力和消费越多。

消费者储蓄基本上是未来潜在的购买力。这是因为，从动态的角度来看，最终消费者的储蓄用于购买商品和服务。从消费者储蓄，银行存款，股票，债券等，但这些可以转化为现实的购买力。

除了消费者的收入水平，还有利率，市场价格的预测，在市场上供应的商品，消费者未来消费的偏好程度和当前的消费。

企业只能提供有效的产品和服务对消费者通过制定营销计划的基础上调查分析消费者储蓄的目的。

（2）消费者信贷状况

消费信贷是指消费者的购买行为获得正确的使用产品和服务第一的保证个人信用，然后用分期付款的方式偿还贷款。消费信贷分为短期信贷销售、分期、消费信贷、信用卡信贷和其他类型。

在现实经济生活中，企业从事房地产营销、汽车营销大师这一特点，大力发展房地产、分配各种套房、销售各种型号，各种颜色，各种汽车的价格来满足消费者，达到企业的目的。

5. 税率、利率及汇率水平

税率、利率和汇率因素，企业应密切关注市场营销。

（1）税率是根据计划税收规模基础上收集税或配额。税率是税收制度的核心要素和应纳税额的规模。税收的基础的前提下计算确定，收集的大量税收国家和纳税人的负担水平取决于税率，和国家的税收政策在一定时期内也反映在税率。因此，可以说，税率直接影响消费者的收入水平。

（2）最优利率又称利率，利率表达量在一定的时期内和本金，表达与正常比例，按年计算年利率。汇率是经济学中一个重要的金融变量。几乎所有的金融现象、金融资产或多或少与利率有关。利率直接影响社会投资的水平，企业的融资成本和消费者的消费和储蓄。

（3）汇率也被称为"外汇市场或汇率。"一种货币的比率到另一个的价格是另一个。由于不同的名称和不同的货币在世界上，一个国家的货币必须设定一个对其他国家的货币汇率，即汇率。

汇率是国际贸易中最重要的调节杠杆。因为一个国家生产的商品成本计算根据自己的货，以在国际市场上竞争，商品成本必须与汇率有关。汇率将直接影响商品的成本和价格在国际市场上，并直接影响商品的国际竞争力。

（三）自然环境

自然环境主要是指自然资源因素，营销人员需要或受到营销活动的影响。

市场营销应该意识到自然环境、面临的挑战和趋势如资源短缺，环境污染，能源成本的上涨等。因此，从长远的角度来看，自然环境应该包括资源、生态环境和环境保护。企业的市场营销活动不仅限制和受自然环境的影响，也对自然环境的变化负责。有必要保护环境和资源，以及确保盈利企业的发展。企业只能通过协调实现可持续发展与社会和自然的繁荣发展绿色产业、绿色消费、绿色营销和生态营销，才能符合时代的需求。

（四）科学技术环境

科技是第一生产力。科技的发展对经济发展产生巨大影响。它不仅会影响企业内部的生产经营，也与其他环境因素相互作用和带来的优势和劣势企业的营销活动。例如，新技术的应用将会导致企业的营销策略的变化，以及企业的经营和管理的变化，以及零售业务的格式和结构的变化和消费者的购物习惯。

（五）政治法律环境

从国内的角度来看，政治和法律环境主要是指国家的方针、政策、法律、法规和调整和变化对企业营销活动的影响。作为社会生活的一部分，企业的营销活动始终是影响和限制的政治和法律环境。国家的政策不仅规定了国民经济的发展方向和速度，也直接关系到社会的购买力的增加，市场需求的增长。国家法律法规，特别是有关经济，不仅规范企业的行为，而且还改变数量，质量和消费需求结构，这将直接鼓励或限制某些产品的生产和销售。

在国际上，政治和法律环境主要包括政治权利和政治冲突。特别是在经济全球化趋势下，更重要的是要了解和跟踪这两个因素对企业营销活动的影响，做好应对相关国际政治法律环境变化的准备，及时调整营销策略。

（六）社会文化环境

社会文化环境是指价值观、审美习俗、宗教信仰、民族文化、地域文化和其他因素，可以影响人们的消费模式和购买行为。

人们都生活在一定的社会和文化环境中，他们的思想和行为必须受到影响和限制的社会和文化环境。因此，营销者应注意分析，研究和了解社会和文化环境。

社会和文化环境包括教育水平，宗教信仰。

1. 教育水平

教育的程度不仅影响消费者的收入水平，而且直接影响到消费者升值大宗商品和购买合理性的能力。

2. 宗教信仰

在各种民族的产生、发展的历史消费习惯，我们可以发现，宗教是一个重要因素影响人们的消费行为。盲目崇拜的宗教行为，这源于追求和渴望的幸福和安全，但限制生产率低，被后人继承，逐渐形成一种模式，影响人们的消费行为。宗教有对什么人认为和极其复杂的影响，但营销人员也可以使用它自己的优势。

3. 价值观念

人们生活在不同的社会和文化环境中有不同的价值观，这将大大影响消费者需求和购买行为。

4. 消费习俗

消费习俗是一个消费习俗世代继承和固化。这是海关的一个重要组成部分。通常在食品、服装、生活、婚姻和葬礼，节日和社会交流，表现出独特的心理特征和行为。

此外，道德规范、审美概念和流行也是重要的社会和文化因素的影响和主导消费者的购买行为。

二、微观环境分析

微环境是指有直接影响的各种力量对企业服务其顾客的能力，包括内部企业、供应商、营销中间商、顾客、公众和竞争对手，如图1-5所示。这些都会影响企业为其目标市场服务的能力。

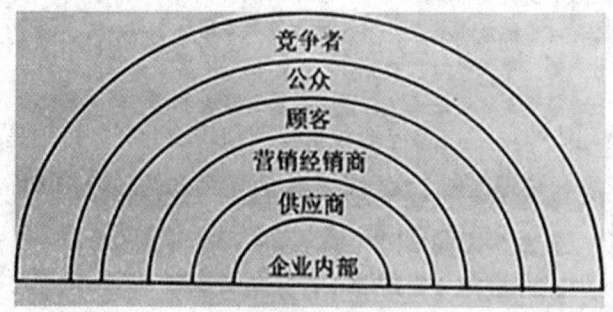

图1-5 微观环境

（一）企业内部

开展市场营销活动，企业必须建立某种形式的营销部门，这不是孤立存在的，但也面临着各种各样的职能部门和高层管理部门。营销部门和其他职能部门有相当程度的合作，但也有争取资源的矛盾。因此，营销部门和其他职能部门之间的关系是否协调与否有很大的对营销决策的制定和实施的影响。

可以说，各部门共同达到企业内部微观环境的营销职能，企业在实际工作中与营销部、大小矛盾和冲突，需要企业内部各部门在决策者的统一领导和指挥下，进行必要的协调，各职能部门相互配合，有效地开展企业营销活动。

（二）供应商

供应商是企业或个人，为企业提供生产经营所需资源，包括原材料、零部件、设备、能源、劳动力和其他用品。供应商的力量，可以在业务活动产生巨大影响。供应的稳定时间和质量直接影响企业为目标市场服务的能力，和其资源的价格往往直接影响企业的成本。因此，企业应与供应商保持密切联系，及时了解供应商的变化和动态，以便及时供应商品和连续性可以有效地保证；除了确保商品的内在质量，供应商需要提供各种售前和售后服务。注意价格水平和变化趋势的主要原材料和零部件。根据不同的供应商提供的货物的重要性在营销活动中，企业可以将大量的供应商为了协调合理，把握要点，给予一般的考虑。

（三）营销中间商

营销中间商是商业组织和个人，协助企业与客户直接找到客户或交易，主要包括中间商、实体分配公司、营销服务机构和金融中介机构。

1. 中间商

中间商包括代理中间商和商人中间商。代理，比如代理，代理，或制造商的代表，是一个人帮助出售产品或达成协议，但没有自己的产品。商人中间商是指中间商，包括批发商和零售商，从事购买和出售的商品和货物。

2. 实体分配公司

实体分配公司是专业组织，帮助企业存储和运输产品，包括存储公司和运输公司。它的功能在于使物流在营销渠道畅通，为企业创建时间效益和空间效益。

3. 营销服务机构

营销服务机构包括市场研究公司、金融公司、广告公司、各种广告媒体和营销咨询公司等。他们所提供的专业服务为企业营销活动是不可或缺的。

4. 财务中介机构

财务中介机构主要包括银行、信用卡公司、保险公司和其他组织，为企业营销活动提供融资和保险服务。

供应商和市场营销中介是不可或缺的支持力量的过程中向消费者提供产品或服务的价值。价值传递系统的主要组件，企业不仅要把它们作为营销渠道的成员，同时也可以作为合作伙伴追求的最大化整个价值传递系统的性能。

（四）顾客

顾客指的是企业的目标市场，这是企业服务的对象，也是营销活动的出发点和归宿。

企业所有的营销活动应该专注于满足客户的需求。因此，认真分析客户需求的特点和变化趋势是企业极其重要的基础性工作。

为了进一步研究不同市场的特点，国内客户市场可分为四种类型根据购买动机，加上国际市场，企业面临以下五种类型的市场。

（1）消费者市场：个人和家庭购买商品和服务为自己的消费。

（2）生产者市场：一个组织，购买商品和服务，将它们放入生产经营利润。

（3）中间商市场：一个组织购买转售的商品和服务。

（4）非营利组织市场：购买商品和服务的政府机构和非营利组织提供公共服务或转移给那些需要的人。

（5）国际市场：国际市场由外国消费者、生产者、中介机构和外国政府组成。

每种类型的市场截然不同的消费需求和消费模式的特征。企业可以针对这五个中的一个或多个市场。也就是说，一个企业的营销目标也可以大量的消费者，也可以是各种各样的组织。企业必须了解的需求特点和购买行为的不同类型的目标市场。

（五）公众

公众是指实际或潜在的团体或个人利益和影响企业实现营销目标的能力。有几种类型的公共面临企业。

（1）融资公众：是指金融机构影响企业的融资能力。

（2）媒介公众：主要是大众媒体，如报纸、杂志、电台和电视台。

（3）政府公众：指的是相关政府机构负责管理企业的营销业务。

（4）社团公众：包括消费者保护组织、环境保护组织和其他团体。

（5）社区公众：附近的居民和社区组织业务。

（6）一般公众：是指公共外部公众。

（7）内部公众：是指一个企业的员工，包括高级管理人员和一般员工。

（六）竞争者

竞争是市场经济的一般规律，现代企业在不同的竞争环境。从市场营销的角度来看，企业面临市场的四种类型的竞争对手。

（1）愿望竞争者：竞争对手提供不同的产品，满足不同的需求。

（2）平行竞争者：不同的产品制造商之间的竞争，满足同样的需求。

（3）产品形式竞争者：不同形式的产品之间的竞争，满足同样的需求。

（4）品牌竞争者：不同品牌之间的竞争同样的形式的产品，满足同样的需求。

虽然这四个类型的竞争会影响一个企业的营销业绩，品牌竞争尤为突出，因为客户通常认为这些公司的不同产品相互直接的替代品。因此，营销人员倾向于关注品牌的竞争对手的环境分析。

第二章 认识战略管理

第一节 战略管理的概述

最初是一个军事术语,最初战略意味着军事力量的总体部署和指挥战争的目的。切斯特 Barnard(1886-1961),美国管理学家,首先介绍了管理内容在意识形态领域的战略。在他的杰作的功能管理器(1938),他描述了企业作为一个集成的系统组成的材料,生物,个人和社会因素。为了解释企业决策机制的组织,他开始分析企业和各种因素相互影响的战略因素。巴纳德也是第一个说出学者画效率和有效性之间的区别的人。

战略管理领域的广泛概念在西方是 1965 年,当美国学者安索夫出版了他的书《企业战略》。在此之前,人们一直认为企业战略是决定的机会,或者是产品的信念和直觉的最高决策者,通常出现在"创业活动"的名字,"公司政策","长期计划"等等。

与军事战略一样,企业战略决策具有三个特点:

一、战略管理的含义

战略管理不同于其他管理功能。具体管理功能经常处理许多操作控制问题,如高效生产的产品,销售人员管理、金融监控等等。这项工作是实现策略的指导下,在相应的环境条件,是企业管理的一部分。事实上,管理者花大部分时间在业务控制。战略管理涉及企业的方向和目的,比如如何最有效地分配资源,以及如何协调企业中个人决策。

安索夫提出战略管理的概念独立操作控制是在他的书《从战略计划到战略管理》里,出版于 1976 年。他认为,企业战略管理的一系列管理操作结合日常业务决策和长期计划决策。管理学者汤普森进一步澄清,战略管理是一个过程,指定企业的长期发展方向,建立了具体的性能目标,制定各种策略根据相关的内部条件和外部环境,然后选择实施行动计划,以实现性能目标。在 1982 年出版的《企业政策与战略》一书中,斯坦森认为企业战略管理是一个动态的过程,即确定企业使命,根据企业外部环境和内部管理因素确定企业目标,确保目标的正确实施,最终实现企业使命。

战略管理是一个高度集成的管理过程,它的特点是实施战略管理。通过战略直接影响战略目标,应该纳入战略管理。可以说,战略管理是现代企业管理发展的高级阶段。所有的战略管理活动重点发展和实现策略。制定和实施战略的关键在于外部环境的动态平衡,内部条件和企业目标，确保企业战略目标的实现。

综上所述，企业战略管理是一个动态管理的过程。全面管理企业的生产经营活动，以及一系列的管理决策和行为的企业制定和实施策略。其核心目标是适应企业的条件和环境，获取企业的长期生存和发展。

二、战略管理的内容

战略管理的研究对象是企业，专注于企业的原因和过程成功（失败）。战略管理工商管理不同于其他学科，重点研究企业作为一个整体从总经理的角度来看，尽管其他工商管理学科研究的管理一定功能的工商管理。

根据总结战略管理部门的管理、学院战略管理主要包括以下几个方面：
①战略制定和实施，战略规划和决策、战略控制和奖励。
②资源配置、多元化和业务组合策略。
③竞争战略，合作战略。
④总经理的选择和行为，高管团队的组成与过程。

三、战略管理的过程

战略管理是基于信息拥有完整的决策和实施过程，主要包括三个相互联系的阶段，即战略分析、战略选择和战略实施。人们常常认为这三个阶段是线性顺序关系，也就是说，战略选择战略分析完成后，在战略实施和战略选择。在实践中，每一个阶段是相互关联和重叠，和实现的策略可能是开始的选择和评价策略和战略实施过程还包括战略分析的工作（如图2-1所示）。

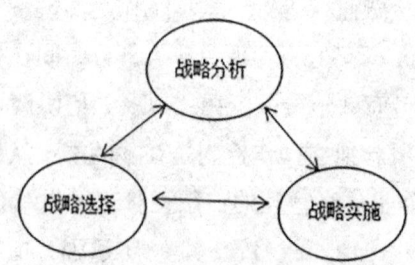

图2-2　战略管理过程的基本模型

（一）战略分析

战略分析是指形成一个总结的关键影响因素，以确保良好的企业总是在现在和未来。战略分析是理解业务的战略地位，环境中的变化是什么，以及它们是如何影响业务和它的活动。这些变化对企业的资源优势在哪里？有哪些个人和团体的意愿与业务经理，所有者或股东，联盟等等？这如何影响到当前位置？它将来会发生吗？具体来说，战略分析侧重于环境，战略能力，所有者的期望和企业文化。

环境。企业在一个复杂的经济、政治、社会、文化和技术环境，以及环境变化对企业的影响比较复杂。战略和企业环境的位置，所以了解环境对企业的影响是一个关键的战略分析。考虑环境变化的影响在当前和预期的变化，我们必须考虑历史环境对企业的影响。因为有太多的环境变量，其中一些将会创造一些机会，而另一些人则会对企业构成威胁。环境变量应该组织成一个主要的或全面的总结，并分别分析它们几乎是不可能的。

战略能力。分析一个企业的战略能力是衡量其优点和缺点。定义这些优点和缺点需要考虑企业的资源，比如它的有形资产，管理水平、品牌、声誉、金融结构和产品。它还旨在建立一个"一般情况"的内部战略选择的影响和约束。

所有者的期望。业主期望的影响是可以接受的。

企业文化。企业文化对战略具有重要的影响。不同的信仰可以干扰环境影响和资源的组织。面对同样的环境和资源，两个不同组的经理来到不同的结论，这群经理首先可能取决于哪一组有更多的权力。

战略制定和战略分析提供依据理解之间的对齐程度，当前的战略和当前的目标方向和发展的结果。可以当前策略应对组织环境的变化？当前的策略并不完全匹配结果中描述的战略分析。不合格的程度是战略制造商所面临的战略问题。有时不需要调整，有时需要剧烈的变化。

（二）战略选择

战略选择可分为三个步骤：

1. 战略选择的产生

在战略管理的过程中形成的各种战略规划的战略选择。例如，在 21 世纪之初，公司面临着决定的程度将成为跨国公司。未来十年将面临另外一个选择在其范围内的操作：区域市场要关心和有可能保持同样的贸易基础在不同的国家吗？通过市场集中度有必要调整吗？在这些选项中，什么是产品所需的产品开发和战略方向？公司通过内部发展应采取这些策略，或潇洒地通过并购或合资企业？

这些都是重要的，需要认真对待。值得注意的是，一个有潜在危险的发展战略是管理者不考虑所有选项，只有最明显，最明显的可能不是最好的。

2. 战略方案的评估

战略分析包括分析战略选择的过程和评估他们的比较优势。在选择战略解决方案，公司的管理可能会问一系列的问题。首先，哪些项目可以支持和加强公司和克服其缺点吗？的解决方案充分利用机遇和优势同时最小化或消除威胁的公司？这个过程称为战略匹配或应用程序。

第二点更重要。选择策略是如何工作的呢？你需要更多的金融资源吗？你有足够的股票在正确的时间在正确的位置吗？员工可以接受再培训，以适应所需的形象吗？所有这些问题的可行性。即使这些目标得到满足，考虑是否老板来说，这是一个可接受的解决方案。

3. 战略方案的选择

最后，只可以选择一个或多个策略。应该注意的是，事实上，不可能有真正意义上的"错误的"或"正确"的选择，因为任何战略必然会有一些缺点或危险！因此，最后的选择是一个管理评价和选择问题，不能从单一目的或逻辑。

（三）战略实施

战略实现战略转变成行动。战略的实现涉及资源规划（包括战略实现的"物流"）。需要回答的问题是：什么是完成关键任务？当你资源混合需要做什么改变？什么时间？谁负责这些变化？不同的部门负责什么？发展战略需要被监控信息系统？你需要重新培训员工吗？等等。

策略实施还需要管理的战略改变，这需要管理者掌握方法和技术管理流程更改。这些机制不仅是关心组织的重新设计，但也与组织文化的变化和日常工作，克服阻力的政策变化，等等。

正如前面提到的，上面的三个步骤之间的关系不是线性的顺序关系。在一个复杂的竞争环境中，企业需要保持清醒和灵活的市场变化通过持续的监控和反思的三个步骤。实现阶段的问题，不仅需要调整实施计划或战略计划，同时也要考虑是否有一个主要的假设错误的战略分析。这不容易。当小米决定建立一个竞争优势在网上销售和维修，它假定在线市场将很快取代线下市场。它的战略计划忠实地反映了这种假设。然而，当它发现线下市场的增长依然强劲，它发现很难调整计划转移到线下渠道的建设。只有当它重新定义线下销售的承诺可以指导新的成功的离线解决方案。

（四）计划的战略和突现的战略

战略需要规划吗？这个问题的答案似乎不言自明。战略意味着资源的一个重要输入，和计划外意味着随机资源的投资，这是一个危险和不负责任的企业行为。战略管理，另一方面，战略规划过程假设合理，高度结构化的过程，这可能不是真的。战略管理学者发现了至少两种可能的例外：不可预知的环境和战略行动。

1. 环境不可知

战略管理的挑战之一是适应不断变化的环境。竞争环境是高度不确定的、复杂的、模糊的，和看似微小的变化常常导致显著的和不可预测的结果。互联网的发展移动业务电脑专注于以客户为中心的企业必须调整甚至放弃先前的战略计划。主流企业曾经精心计划和商业模式与浏览器用户下载。但该公司很快发现，在移动互联网时代，浏览器不再是用户上网的主要方式，不再有价的产品。这些公司不得不改变策略快速分发内容和综合应用平台服务。

2. 来自基层的战略行动

战略发展通常被认为是高级经理的责任，而忽略员工的潜力和能力参与战略发展的各级组织。高级经理负责现有策略，这可能限制他们专注于原计划和市场影响他们的判断。基层管理者更接近客户和市场，他们从日常操作的变化往往敏感市场和新的机遇。2005年，周鸿祎无惧无畏的建立奇虎，核心业务是搜索。因为当时百度的商业模式清晰而有巨大的潜力，奇虎抓住百度的战略计划作为其主要的竞争对手，试图超越它。奇虎200多人的团队每年花费超过100万元在促销。同时，公司建立了一个内部应用程序称为360杀毒软件作为辅助搜索业务的一部分。然而，这是一个巨大的成功，到2008年下载的数量已经超过了1亿。最后，该项目初级管理者取代搜索和浏览器，重新定义了奇虎的核心。

3. 计划的战略和突现的战略

战略管理学家亨利·明茨伯格是一个领先的战略学者在密歇根大学里。他相信，真正地实现公司的战略是战略计划和策略的出现（见图2-2）。即使没有外部因素的影响，规划策略通常很难忠实地执行。战略发展过程中，不同的利益相关者将代替自己的偏好，导致战略实施过程的变换由于理解、协商和妥协。然而，紧急战略是指新战略的形成过程中由于环境的变化和不同的经理人的理解策略的实现。在明茨伯格的观点中，战略管理是一个学习的过程，涉及很多错误和实验。战略管理是一个思想和行为的组合。优秀的企业可以灵活地调整自己的策略来适应新的市场环境。出现概念战略是为企业战略管理提出了更高的要求。在战略实施的过程中，企业如何区分真正的机会和诱惑偏离战略方向？你会如何支持战略行动的和文化？

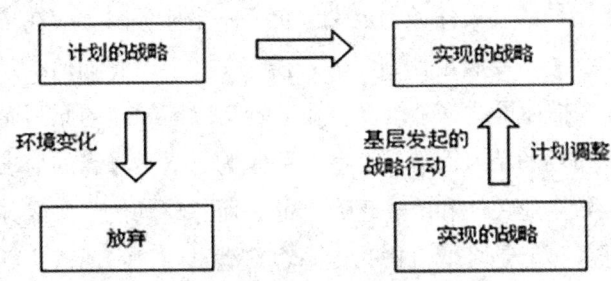

图2-3 计划的战略和突现的战略

第二节 企业的使命与价值观

一、企业使命

有效的战略管理必须回答这个问题"什么是企业存在的原因?业务是什么?业务应该什么?"这三个基本问题。这些可能听起来简单,但他们是最大的问题,企业必须回答清楚。这些问题的答案可能是清楚公司成立,但经过一段时间的操作,该公司逐渐扩大,增加新产品和新市场,和经理人的想法会变得模糊。尤其是在新经济时代的到来,企业需要面对各种各样的新变化,如生产转型,多元化管理、合并、合资企业等。新时代、新发展、新产品、新技术、新市场环境,企业如何选择自身存在的基础,如何确立自身存在的价值和意义,如何树立企业生存和发展的信念,是当今企业面临的重要问题。

(一)企业使命的概念

关于企业使命的理解主要是以彼得·德鲁克(Peter Dmcker)于20世纪70年代中期创立的一整套思想为基础提出的。德鲁克认为,问什么是公司的业务就像问:"公司的使命是什么?"企业的任务是阐明企业的基本性质和其存在的目的或理由,解释企业的业务领域和经营理念,并提供一个基础建立企业目标和策略的制定。企业的使命是一个长期适用的业务目标企业有别于其他企业类似,揭示什么样的组织的愿景的企业想要和用户服务。

一个企业的业务指导的发展任务的定义。定义一个业务时,应在三个维度:什么业务满足(什么样的客户),需要满足什么(客户需求),以及它如何满足(技术、知识或独特的竞争力)。图2-3描述了这三个维度。业务定义顾客导向的原则而不是产品方向,可能关注当前的产品和市场的特点而忽视这些产品是为了满足顾客的需求。在产业转型过程中,产品方向可能导致企业关注和改进现有产品,而忽略其他产品或方法,也可以满足客户的需求。超市的任务可能是降低价格,提高客户满意度,实现营业额最高的单位业务领域,加快商品的流通。这样一个任务将限制超市提高存储效率,业务和电子商务企业将缺乏必要的资源与能力,以应对竞争当他们与客户竞争。沃尔玛的企业使命是帮助顾客省钱,这使命声明意味着该公司将采取所有技术和准备接受任何新形式的业务,包括电子商务,而不是只关注提高商店的销售。

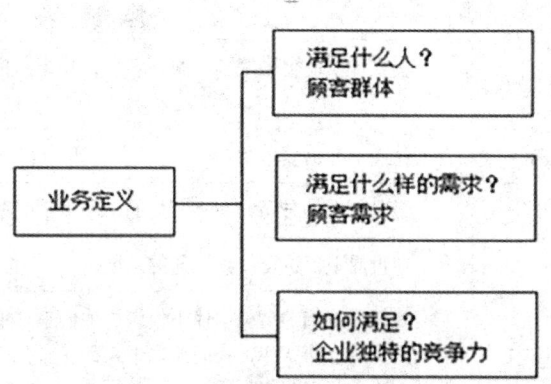

图2-4 业务定义的三个维度

（二）企业使命的构成要素

企业使命陈述不同长度、内容、形式、具体性和在实践中。大多数战略管理理论家和实践者认为，一个有效的企业使命应该九或九个元素特征。这9种要素应当回答的相应问题如下：

（1）用户：公司的用户是谁？
（2）产品或服务：该公司的主要产品或服务？
（3）市场：公司在哪些地域竞争？
（4）技术：公司的技术是否是最新的？
（5）关注生存、增长和盈利：公司是否在努力实现业务增长和良好的财务业绩？
（6）概念：什么是公司的基本信仰、价值观、抱负，和道德倾向？
（7）自我认知：什么是公司最独特的能力或主要的竞争优势？
（8）对公众形象的关切：公司是否对社会、社区和环境负责？
（9）对员工的关心：公司是否视员工为宝贵的资产？

表2-1从上述9个方面给出了一些公司使命的摘录。

表2-1 企业使命9种要素范例

公　司	要　素	使　命
联　想	用　户	创新为了客户的利益，创造世界上最好的和最具创新性的产品；注重成本创新以及技术创新，让更多的人能够获得新的和更好的技术；最低的总体拥有成本（TCO），更高的工作效率。
优衣库	产品或服务	为每个人都提供时尚、高品质的基本休闲服装适合任何时间和场合在适当的价格。
华　为	技　术	丰富人们的沟通和生活，提高工作效率。

(续表)

公司	要素	使命
中国工商银行	生存、增长和盈利	提供优质的金融服务；服务客户；股东回报；员工的离职；向社会致敬
京东	观念	让生活变得简单快乐。
3M	自我认知	最具创意的公司，在你所处的市场中最受尊敬的供应商。
斯特拉	社会责任	在世界上促进可持续交通的发展。
星巴克	关心员工	我们称我们的员工伙伴不仅因为他们来这里工作，但热爱它。通过不同团队的合作伙伴，我们让每个人都有机会成为他们想成为的人，我们互相尊重和自尊作为我们公司的标准

（三）企业使命的表述

1. 具体和抽象之间的平衡

声明的任务应该是既不能太具体，也不能太抽象。使命宣言是一个声明的态度和愿景，不是具体的声明。公司使命不应过于具体的两个主要原因：首先，一个好的企业使命有助于生成和考虑各种可行的目标和战略，并应避免不当抑制创造力的管理部门。过度详细的规定将限制潜在的创造性发展。其次，它有利于协调众多利益相关者之间的矛盾或迎合他们的不同的需求。

企业使命的表述不应过于抽象。太广泛的使命声明意义常常可以适应任何类型的战略计划，这将无法客观的指导战略计划的选择。以 2C 为例，给出一个全面的企业使命定义，将企业的业务翻译为"满足全国的饮食需求"，是企业向企业方向的使命，特征描述将毫无意义，因为几乎涵盖了农场、农业机械、粮食店、餐厅等所有业务领域的使命宣言，显然不是企业能够做到的。

2. 业务范围不应太宽，也不应太窄

进一步考虑企业的声明的任务，我们必须注意的狭窄范围业务，太宽太窄范围中描述的定义将会影响企业的运营。如果范围太宽，语言可能过于模糊和空的，让人们感觉边缘，从而使企业损失的特点，以及当前和未来的业务范围不清楚；太窄范围也可能失去指导意义由于有限的语言，使管理者过度限制和导致人们忽略了重要的战略机遇和威胁出现在地区接近当前市场的企业。例如，从当地狭窄的交通问题的实际角度来看，汽车制造商可以把自己的使命宣言写为"提供交通，公路建设部门可以把自己的使命宣言写为"提供交通，铁路运输部门可以把自己的使命宣言写为"提供铁路运输服务"，这将使这些部门分别不断提高和提高局部优化解决方案的能力，忽视信息的结果会导致运输能力的浪费和交通拥堵带来的管理不善。

考虑上述因素的影响，在实际的企业使命，选择的措辞通常是通过提高抽象层次的基础上，企业目前的产品。显然，这不仅有利于企业的进一步发展，但也不会使企业失去特

定的业务方向。据此判断，电话公司的使命定义为"信息服务"比较合适，如果公司使命的笔定义为"信息服务"太宽泛，定义为"提供信息记录手段"可能非常合适，因为它可以使企业有明确的发展方向。类似地，定义一个电影公司的使命是"制作影片"将会太窄。将它定义为"提供文化和娱乐服务"可能更合适，因为这有助于电影公司开阔思路，积极向网络视频、电视和其他电影衍生产品方面发展。当然，使命宣言的广度是相对的。音频设备的制造商，"提供家庭娱乐服务"似乎太宽泛的一个短语，一个大型企业集团，使数字电视，数字音频系统、投影设备、游戏机、增强现实游戏和其他产品。

二、企业价值观

企业价值的原则是指导管理和员工的行为。值确定业务做业务和什么样的组织构建履行其使命。值也是企业文化的基础。企业文化是一系列的价值观、规范和标准的工作行为，实现企业的使命和目标。例如，联想集团，全球最大的个人电脑制造商之一，拥有的使命"创新，造福客户"，强调企业将为客户提供低成本的新技术和新产品通过创新来提高客户的工作效率。为了实现这一任务，联想使用的值之后，所有员工来限制他们的行动，以确保客户的利益。联想集团的核心价值观包括：

1. 成就客户——我们致力于每位客户的满意和成功。
2. 创业创新——我们追求创新，关键客户和我们公司，并快速有效地驱动。
3. 诚信正直——我们秉持信任、诚实和富有责任感，无论是对内部还是外部。
4. 多元共赢——我们提倡相互了解，我们文化的多样性和全局视图。

联想的第一个两个值显示了公司对客户的态度。创新的使命，造福客户进行业务活动，和这些值应该反映在规划、研发、生产、服务和其他企业的链接。第三条和第四条表明公司对员工的态度和其他外部合作伙伴和公司之间的关系应遵循的原则以及企业的利益相关者。PC 行业的激烈竞争意味着在不同的部门和岗位员工必须信任和诚实彼此为了有效协调资源，实现竞争优势。责任感体现联想的承诺目标，质量和服务作为一个低成本的制造商。完整性和多个双赢的不仅是企业的内部关系的指导方针，而且处理对外关系的基本准则的企业，特别是利益相关者的管理。

在企业战略、利益相关者的重要性日益受到重视。利益相关者与相关组织和个人兴趣组织的行为和性能，包括股东、债权人、员工、供应商、客户和社区和公共企业所在地。利益相关者的态度和行为也会影响企业效益，所以企业需要争取利益相关者的支持。作为企业战略管理的一个组成部分，良好的利益相关者管理可以给企业带来竞争优势。例如，联想集团的原材料价格快速波动。在处理与供应商的关系时，应考虑低成本和可靠的产品供应。如果我们只是库存和价格的压力转移到供应商，它将导致供应问题。出于这个原因，一方面，联想使供应商能够及时掌握联想订单信息通过信息共享，从而降低库存的风险。另一方面，通过供应商的定期评估和检查管理原材料库存和交货的能力，我们要求供应商提高运营效率，实现双赢的结果在一个开放和透明的基础上。

书面声明中只是一个外部形式的企业价值，用于明确国有企业所有利益相关者的位置和有凝聚力的作用。生命的真正价值是通过所有员工的行为来表达的。同样，仅仅改变表达式的值不会改变。如果一个企业声称，"人们的第一资产企业"但甚至不能提供基本的社会保险的员工，这样的价值只不过是欺骗。值的实现取决于企业的领导以身作则，这是反映在企业的所有经营活动。

第三节　战略决策

一、战略决策的内涵与特征

战略决策是指选择最优方案的过程中通过分析和比较几种不同的战略方案。

广义上说，决策是一个过程，包括问问题，设定目标，设计和选择解决方案。在狭义上，决策是最终选择几种不同的行动计划和决策者的最终决定。也明白，决定是决定处理不确定条件下所发生的突发事件。没有先例，没有规律可循。换句话说，只有承担一定风险的选择决定。这是狭窄的理解决策的概念。战略管理决策内涵，主要有以下几层含义：

（1）战略管理决策要有明确的目标。

（2）战略管理决策要有两个以上备选方案。

（3）选择后的战略方案必须付诸实施。

战略管理决策特征包括：

（1）战略考虑长期的企业发展方向。战略决策的方式通常是一个企业获得竞争优势。因此，战略决策的过程有时被视为寻求有效的竞争定位，以获得竞争优势。

（2）战略关注的是企业的活动范围。例如，企业专注于一个或多个活动区域吗？企业的活动范围是至关重要的发展战略，因为它会影响经理定义企业的范围及其对企业的现在和未来的期望。它还涉及重要的决定如产品和地理覆盖范围。

（3）战略管理是一个战略适应的过程活动，协调企业的资源优势的过程与操作环境和定位。同时，它也是一个战略扩展的过程，寻找机会，创造机会。

（4）策略有时需要改变企业的关键资源。因此，战略决策可能影响经营决策。

从上面的分析，我们可以看到，战略决策在本质上是相当复杂的，有时需要在一个不确定的环境。任何经理肯定不可能对未来做决定的时候。在战略决策时，管理者需要考虑整个企业管理，打破界限的功能和操作来解决问题，并与其他管理者达成共识不可避免地有不同的利益和优先级。最终的战略决策的实施效果还取决于企业及其之间的关系和外部网络的建立，并在必要时进行相应的组织变更。

二、战略决策典型思路比较

战略决策思维是指一个企业在选择战略决策的起点，这是密切相关的战略分析。有许多类型的战略决策思想，和几个重要的选择并简要分析如下。

面向资源。面向资源的决策思维是先看看资源企业，然后分析机会，资源可以投入这个行业。如果一个企业有大量的闲置土地，它往往会寻求土地资源的开发和利用。如果房地产市场的发展机遇是好的，它会选择进入房地产行业。企业客户资源，经常为客户提供其他类型的产品或服务，以获得更多的赚钱机会。

资源导向决策思维的优势在于善于利用企业资源，而劣势在于容易使企业臃肿，由于资源过于分散，主业不清不强，使企业在各方面的竞争中处于劣势，甚至导致企业失去竞争优势。面向资源的决策需要真正认识企业的资源，否则高估自己的资源与能力，经常出现难以控制的局面。近年来，一些大型国有企业进入房地产市场的信贷资源的优势和经常赢得"地王"。如何处理之间的关系房地产业务和主要业务将是一个巨大的挑战在未来。

以机会为导向。以机会为导向的决策思维是先看外部环境中是否存在机会，然后组织资源抓住机会。它的成功取决于准确的判断的基础的机会。

网络经济繁荣的开端，网络风险投资十分火热，成为最受欢迎的机会导向决策行业，少数成功精英诞生于众多失败者之中。以机会为导向的思维，使一群普通人与众不同。以机会为导向的决策方法的缺点是，它不能第一次失败，但不能第二次失败。一些企业想要抓住任何机会，结果往往是不牢牢把握甚至什么也没有抓住。有时不正确的企业机会，怕丢失，导致企业资源过于分散，难以形成一个强大的主要行业，竞争领域的支持。

攀比跟风型。有很多竞争决策思想在中国的国有企业和民营企业。同行业的其他企业赚了钱在产品多元化，自己不根据实际情况，认真分析输入与投机类型效仿，结果往往适得其反。例如，许多企业对这些决定付出了沉重的代价，如家电企业的汽车运动和一些私人企业的炼钢的冲动。公司受到外界或同行的影响，如其他公司正在从事国际化、多元化，不随潮流而动，怕被人视为过时，不考虑自己的实际也选择了国际化和多元化，别人能做的不是自己的能力做的成功，导致企业走向国际化或多元化的陷阱。近年来，人工智能研究和开发和投资是形成一个新的山寨市场。失败的决策思维的关键是，企业不擅长分析和抓住机遇。如果你真的可以找到机会，比别人慢也是一种伟大的智慧；其他企业可能是烈士，他们可能成为英雄。

被迫型。被迫决定思维往往是由多种原因造成的。一些企业不关心外部变化，只知道低头拉汽车不知道抬头看路，结果当行业衰落企业被迫找到出路。有时被迫受到各种条件限制很难做英雄决定，如出口成本过高，企业必须选择留下来等待转机。有时候没有人能说说外部机会，因此企业必须辞职自己命运和不要在正确的时间进入市场，所以他们别无选择，只能密切关注转换。

彩电行业的传统显像管彩电转型作为一个例子，业内人士认为平板彩电是未来的发展趋势，但是平板彩电多久可以是市场的主导，企业本身很难说。知名彩电公司翁红认为，这一转型时期需要10年左右的时间，资源分布集中在显示器和轻薄的平板上，导致了三年后平板电视的快速成长，显示产品的辉煌时刻却迅速衰落，长虹被迫调整投资方向，将重点放在平板彩电上。相比之下，海信平板电视的前景。尽管它试图利用背投电视，它放弃了早些时候后者由于某种原因和投入了大量的资源在纯平彩电。因此，机遇之际，预期，海信彩电升级成为大赢家。

四种典型的战略决策理念，资源导向和机会导向各有利弊，企业应根据实际情况灵活运用。比较和趋势，后被迫都是企业应该反映和提高。

三、战略决策的误区

企业战略决策影响的长期活动。从前面的例子可以看出，战略决策对企业资源和能力的影响意味着错误的战略决策成本的企业很多。那么什么是战略决策的失败的原因？

决策是一个高度理性的过程。然而，人们经常在决策认知偏见，会影响战略管理者做出正确的决策。认知偏差的来源可以大致分为以下几类。

（1）先验假设的偏见。如果政策制定者们开发了偏见，他们倾向于坚持自己的判断而没有明显的外部事实。与此同时，他们寻找的信息在外部证据支持他们的偏见而忽视与他们的信息。例如，尽管严重的钢铁行业的产能过剩，一些公司总能找到理由坚持新项目。

（2）承诺升级。尽管决策者看到失败的迹象，他们已经决定继续他们已经投入的资源。决策者常常感到个人负责不满意或失败的现状和容易发生这样的错误。承诺升级通常发生在该公司的首席执行官亲自领导项目。

（3）缺乏类比和代表性。这是指造成的错误只是采用类比的方法，简单地总结。例如，中国企业的低劳动力成本的竞争优势。然而，如果涉及的行业是技术密集型和劳动力成本的比例非常低，那么中国企业没有竞争优势。

（4）控制的错觉。战略决策者高估自己控制的能力，因为过去的成功。例如，一个企业的国际业务能力的高估往往是坏的开始在国际化的一个重要原因。

（5）群体思维。当一群战略决策，如果集团受到共同的假设或一组目标的影响，它忽略了与假设相反证据或目标，导致决策的失败。许多成功的企业也由精英做出错误的决定，因为群体思维。戴尔，例如，忽略了消费者个人电脑市场的转变，因为它是盲目的竞争优势生产力和不得不忍受长期的痛苦转变时实现太迟了。

正如上面的例子所揭示的那样，错误的战略决策是常见的，即使是在成功的公司。企业可以通过有意识地提高战略决策的质量检查在战略决策失败的可能原因。

第三章　市场营销的战略

第一节　市场营销战略概述

一、营销战略的本质

营销战略的本质是满足用户的需求。

从营销战略对组织战略的影响来看，我们清醒地认识到，制定营销战略是一项至关重要的工作，研究营销战略与组织战略之间的关系，似乎只是证明了一种关系，但更多的是发现了一个关键性的突破，使组织战略成为更有效的组织战略，生产和销售组织的最大利润，可以继续良性发展的意义不容忽视。

因此，一个成功的营销战略应该有以下三个特点：

（1）营销战略是自下而上的开发，而不是从上到下。营销战略不仅是一个问题考虑顶部的组织，而且还是充分参与决策过程，其中最重要的是市场和客户基础。

（2）营销战略的核心是客户需求的满足和指导。客户需求决定市场的大小和变化趋势。客户需求包括两个基本方面：一个是真正的需求，而产生一个明显的市场。例如，人们每天需要吃，所以餐厅变成了一个真正的需求；第二个是潜在需求，不明显，甚至需要探索和指导。例如，许多年前，中国人不认为"头皮屑"这样恶心的、肮脏的事。通过宝洁的强有力的指导（主要是通过"海飞丝"的广告），他们开发了这样一个巨大的"头皮屑"市场。

（3）营销战略体现的基本思想"从市场（客户）市场（客户）"。营销战略是基于市场需求，但又必须能够指导组织的营销工作。

营销战略不是一个简单的概念，或只从某个方面可以被描述。也就是说，理解组织营销策略的概念需要一个多维度的视角，这不仅决定了组织未来的方向和使命，也涉及组织的所有关键活动，需要根据外部环境的变化不断调整，以实现其确定的战略目标。营销战略总体行动计划，组织决定了营销的方向和任务组织根据市场需求及其变化，并选择合理的营销策略，来实现组织的营销战略目标。

营销战略是一个过程，是帮助一个组织建立并保持持久的竞争优势来实现营销绩效。然而，无论组织获得竞争优势，或营销过程中获得良好的效果，它的最终目标是满足用户

（客户）的需求。

二、营销战略的层次与要素

（一）营销战略的层次

如果一个组织只生产和销售一个产品，任何组织可以开发一个营销战略计划，涵盖一切。但现实情况是，许多组织，尤其是企业，是不同的。通用电气是一个典型的多元化公司，从飞机到灯泡和电视网络。海尔在家电不仅交易，而且还有厨具、房地产和其他业务。因此，一般组织的营销战略不仅包括公司的整体发展战略，也涉及个别产品的开发。

1. 总体战略

重点是组织的总体目标和范围的活动，以及如何提升组织的各个部分的价值（业务部门）。它涵盖了一系列的问题，包括地理覆盖范围、产品和服务多元化，业务单位和资源是如何分配到不同的部门。重要的是有一个明确的总体战略。总体战略可能反映了组织的目标和期望通过显式或隐式声明"使命"。

组织战略集中在两个方面：第一，业务我们应该做什么，也就是说，决定组织的使命和目标系统，确定组织活动的范围和重点，并选择的商业领域组织参与竞争；其次，我们如何管理这些企业，我们如何合理配置组织资源，这样每个业务相互支持和协调。

其中，合理的资源配置是至关重要的。因为一方面，资源到不同的业务领域，所有的好处都是非常不同的，另一方面，各部门在组织内常常互相竞争有限的资源。一个重要的任务组织的高级管理层的目标是提高组织的整体表现最好的方法。根据组织的内部资源的潜在可能性，每个业务活动的需求组织的内部资源是体重，和有限的资源分配合理根据优先级。

总体战略的重点三个方面所示：

（1）组织使命的决心。特别是，选择最合适的业务领域，消费者服务目标和业务发展方向。

（2）战略业务单位的分工和发展规划（SBU）建立不同位置不同的战略业务单位组织的总体战略。

（3）战略目标的关键战略经营单位（SBU）。

企业总体战略，通常被认为是企业是否多样化。多元化必将面临一个复杂的工业环境。当前流行的多元化理论表明，一个企业可以多样化额外的资源，能力和核心竞争力，可以投入更多。

2. 经营单位战略

经营单位战略也称为竞争战略。在组织中，尤其是企业集团，一些二级单位共同战略因素（如运营部门、子公司等）或一些通常组合成一个战略经营单位组织形式。在一般企业中，如果每个二级单位的产品和市场具有特殊性，它也可以被视为一个独立的战略业务单元。因此，管理战略是战略的战略管理单位和相关管理部门、子公司。

经营单位战略的重点是：

（1）获得竞争优势；

（2）如何识别和创建新的市场机会；

（3）什么样的产品和服务可用于一个特定的市场；

（4）产品或服务满足客户的需求和实现组织的总体目标。

经营单位战略的目的是双重的：一是使组织在特定的业务领域取得更好的经营业绩，努力建立可持续的竞争优势。如何有效地满足消费群体的需求，如何使自己的产品与众不同，如何通过竞争和吸引客户来实现组织的市场定位，如何使业务活动适应行业的发展趋势和外部宏观环境的变化趋势。第二个是做出正确的规划市场因素的变化，影响组织的成功或失败的竞争。这需要协调和协调生产活动、财务、研发、营销、人事等职能部门。

因此，经营单位战略重点在于以下几个方面：

（1）如何实现整个组织战略；

（2）经营单元的发展机遇和威胁和内部条件分析；

（3）确定战略重点、战略阶段和战略业务单位战略的实施计划。

3. 职能战略

这是每个职能部门组织的短期策略。职能战略可以使职能部门和他们的经理更清楚地理解任务，职责和要求的部门实施总体战略和业务战略的过程，有效地使用相关的管理功能，保证企业目标的实现。

与总体战略和经营单位战略，企业的职能战略是更详细的具体的和操作。它是由一组详细的规划和计划涵盖所有领域的组织营销，包括生产、销售、研发、公共关系、采购、储运和其他功能的策略。

职能战略主要关注以下几个方面：

（1）执行操作单位的发展的战略目标。

（2）职能客观的论证及其细分。如规模开发、生产能力，主要产品和各种目标、质量目标、市场份额、销售增长率、效率和效率的目标。

（3）确定战略重点、战略阶段和职能战略的主要战略措施。

（4）风险分析和响应系统设计在战略的实现。

总体战略经营战略和职能战略构成了组织战略系统。制定整个组织战略的主要职责是组织的高级管理人员；制定商业策略的主要职责是组织的领导和管理部门；制定功能层策略的主要职责是组织的职能部门。在实践中，战略制定和战略实施的过程中，在这三个层次必须相互协商的结果，各级管理者的密切合作。可以看出，在一个组织中，所有级别的组织策略相互关联和相互合作。任何失败在战略层面，和任何脱节的战略水平，会导致组织的进展延迟实现预期的战略目标。

（二）营销战略的要素

营销战略必须首先建立业务领域（包括发展方向）的组织，二是组织的整合资源的能力，而且还包括建立组织的竞争优势，协同作用等基本问题。

1. 经营范围

经营范围是指组织的领域从事生产经营活动。它不仅反映了当前市场需求的组织，但也反映了需求的匹配外部环境的组织策略。对于大多数组织，业务范围应该基于行业，产品和市场。只有产品和市场的结合才能真正形成了组织的业务。此外，只有结合市场组织的发展方向不偏离。

一个组织的方式定义其业务范围可以采取许多形式。从产品的角度来看，组织可以决定他们的业务范围根据其产品系列的特点，如电力公司、钢铁企业等。组织也可以确定其经营范围中包含的技术生产线的基础上，如自动化仪表公司，光纤公司等。

多元化的管理，组织无法定义它的业务范围只从某一行业的角度。它需要研究市场和客户全方位、多层次的。如：一些胃药生产企业，开始多元化的生产啤酒，和大广告"某某冰啤酒，四季好享受。"事实上，作为一个组织，使胃药和啤酒，这两种产品似乎是相互排斥的，其结果是，很难保证业务范围的准确定义。

2. 资源整合能力

资源整合是指过去和现在的水平和模式的资源和技术集成在一个组织。状态的组织整合资源的能力，有着极其重要的影响组织的营销策略的实现。资源整合是支持组织和实施市场营销战略管理活动。只有通过其他组织采用的方法难以模仿，获取和使用适当的资源，并形成独特的营销技巧，可以组织在市场竞争中采取主动。如果组织的资源是贫穷或在不利情况下，组织的业务范围非常狭窄，而且没有竞争优势。

霍弗和申德尔的观点是组织战略的一个组成部分。他们认为，资源配置不仅是战略的最重要的方面，但是比范围更重要是在确保成功的组织上。

霍弗在面临的战略挑战和挑战组织，于1973年进行了研究。他发现，第一当一个组织面临重大战略挑战，最成功的组织反应三种方式之一。第二，只有组织的资源分配模型已经改变；第三，简单组织的范围发生了变化。那些未能达到重大战略挑战通常都以失败告终。

这表明，当组织面临的外部环境变化时，通常需要调整现有的资源分配模式或多或少支持组织的战略行动。

3. 竞争优势

竞争优势是指组织通过形成的不同的市场竞争地位，来正确的决定资源分配模式和业务范围。竞争优势表明产品的特殊属性和市场组合，一个组织寻求，可以给它一个强有力的竞争地位。

自 20 世纪 60 年代以来，国际市场和国内市场的竞争变得越来越激烈。战略管理的学者们将注意力转向竞争行为在商业领域，试图找到一种方式来获得竞争优势。一些学者认为，单个产品的特点和市场可以给组织一个强有力的竞争地位。一些学者认为，一个组织的竞争优势来自于资源和技能应用的方式。

事实上，竞争优势可以来自一个组织在产品和市场的地位，以及正确的使用特殊资源。

4. 协同作用

协同作用是指各种共同努力的效果，一个组织可以找到从资源配置和经营范围的决策。也就是说，力量的总和大于力量的总和。在组织管理中，组织的整体资源的好处应该大于的总和所有部分的资源的好处，那就是，"2+2>4"的影响。

一般来说，组织协同营销是反映在以下几方面：

（1）销售协同。销售组织的协同作用结果使用共同的销售渠道、销售组织和宣传工具来实现产品销售活动。老产品会导致新产品进入市场的方式，和新产品可以为老产品打开市场；旧的市场可以提供示范新市场，新产品可以扩大旧产品的范围。通过这种方式，组织可以降低成本和获得更大的效益。

（2）价值链协同。价值链协同意味着组织频道的所有成员（包括供应商、制造商、经销商、分销商、信息中介等等）以一个声音说话，移动在一个统一的步骤和行动方式。例如，为了实现发射和推广一个新产品，每个成员的渠道他最好的。

（3）营销管理协同。管理协同效应不能表达的简单的量化公式，但它是一个重要的协同作用。当组织的业务范围扩展到一个新的行业，如果他们遇到类似的问题在管理他们过去处理，组织的管理人员可以使用原来的行业管理经验积累有效地指导和解决这些问题。实践这种不同的管理部门可以共享管理经验在过去管理协作，这是一种无形的力量。例如，宝洁公司充分利用其经验和程序在开发新产品。

第二节　市场营销战略分析

一、市场结构与市场机会分析

（一）营销战略与市场的内在关联

市场的变化通常需要改变同步企业竞争和营销策略。管理者不了解他们面对的市场，不了解未来的市场会如何变化，那么他们的策略就会失效，因为客户的需求和欲望在不断变化，其他企业提供的替代品会替代自己的产品来满足客户的需求。

有许多因素导致行业竞争性质的更新和变化。也有许多变化的驱动力，包括无序的市场竞争，全球产能过剩和全球竞争，以及企业之间的并购、顾客期望的变化、技术跨越式发展，以及中介机构混乱，人口变化和工作和生活方式的变化。这些因素不仅为企业提供了发展机遇，但也使企业面临严重的挑战，由于市场的变化和竞争的空间范围。

（二）市场构成要素：目标顾客、购买力和需求

菲利普·科特勒的观点是所有潜在的市场是由顾客有一定的欲望和需要，愿意和能够满足这些需求。因此，市场由客户，有三个主要特点：第一，他们有特定的欲望或需要；二是有能力并且愿意交换，或金钱和货物，或者货物和商品交换；第三，它有一定的规模。

1. 目标顾客

目标客户是指特定的客户，客户的组织准备满足产品或服务。一般来说，目标客户群体越大，市场消费潜力越大。它包括实际客户（目前使用的产品或服务）和潜在客户（谁可以使用，但目前不使用该产品）。

组织可以采用下列方法来识别目标客户。其措施主要包括以下步骤：

第一个是区分市场类别。目标客户不仅包括消费者，但也生产组织、商业组织、政府机构和其他组织。因此，市场可以分为三个类别：消费者（消费者）市场和生产（消费者）市场，流通市场（消费者）。消费者市场是指市场组成的所有个人和家庭购买商品或服务的个人消费。生产者市场是指市场形成的个人和组织，购买生产的目的。经销商市场是一个市场组成的个人和组织，无论是生产还是消费为了实现产品的流通。

第二个是市场细分。市场细分是一门艺术，不是科学。也就是说，任何组织、个人，甚至是市场细分的结果的不同阶段是不一样的。组织可以引用一个变量的数量（见表3-1）来实现市场细分。

表3-1 市场细分常见特征组合

消费者市场细分变量	举 例	产业市场细分变量	举 例
地理细分	1.城市和农村 2.地形 3.气候 4.交通运输	地理特征	1.国内/国际市场地区 2.国内/国际市场区域 3.国内市场地区 4.工业普查市场区域 5.邮政市场区域
人口细分	1.年龄 2.性别 3.收入	人文特征统计	1.标准工业产品分类系统（SIC） 2.投入产出分类 3.组织规模基础 4.员工数量，销售，年份 5.购买数量、平均订单大小、制造业增加值

(续表)

消费者市场细分变量	举 例	产业市场细分变量	举 例
心理细分	1. 生活方式 2. 个性	组织采购特性	1. 采购的政策 2. 采购的程序 3. 采购的核心 4. 购买影响者 5. 平均订购量 6. 购买的频率 7 买方库存需求
行为细分	1. 利益 2. 使用者 3. 使用率 4. 忠诚度 1. 城市和农村 2. 地形 3. 气候 4. 交通运输	购买这/购买影响的个人特征	1. 个性 2. 态度 3. 生活方式 4. 自我形象 5. 风险容忍度 6. 信息生成方式 7. 认知风格
		地理特征	1. 国内/国际市场地区 2. 国内/国际市场区域 3. 国内市场地区 4. 工业普查市场区域 5. 邮政市场区域

第三个是描述目标客户群体的特点。这项工作包括确定和描述客户解释客户购买标准，分析顾客的购买环境分析。最终用户可以采用的描述和分析产品分类描述方法，描述和分析了一般产品的最终用户根据情况，分类产品市场的产品和不同的产品。

2. 购买力

购买力的能力人们付钱的商品或服务，或总数量的钱用来购买商品在一个给定的一段时间。它反映了整个社会市场容量的大小。

消费者的购买力取决于个人收入，当前的经济形势和对消费的信心。其中，收入状态是最重要的，其中包括过去，现在和未来收入的估计客户和家庭。

个人收入是消费者个人获得的总收入从各种来源，包括消费者个人工资、养老金、股息、租金、礼品等收入。消费者的购买力来自他们的收入，但消费者不使用他们所有的收入购买商品或服务。他们的购买力只是收入的一部分。

另一个值得考虑的问题和学习是个人可支配收入。这是平衡个人收入扣除税收和非税负担。这是个人收入的一部分，可以用于消费支出或储蓄。构成实际购买力。

最灵活的个人的能力是他或她的收入。这是可支配收入的金额扣除必要的费用（如房租、公用事业、食物、燃料、衣物，等等）需要维持个人和家庭。这部分收入是消费需求的变化最活跃的因素，也是企业应该考虑的主要对象，开展营销活动。因为这部分收入主要用于满足人民基本生活需求，一般用于购买高档耐用消费品，旅游，储蓄，等等，它是影响销售的主要因素的必需品和劳务。

很多产品是家庭基本消费单位，如果冰箱，油烟机，空调等。因此，家庭收入水平会影响许多产品的市场需求。一般来说，家庭收入高，消费品需求大，购买力也大；相反，小需求，小的购买力。应该注意的是，在分析消费者收入时，企业市场营销人员也应区分"货币收入"和"实际收入"。只有"实际收入"影响"真正的购买力"。因为，实际收入和货币收入并不是完全一致的，因为通货膨胀的影响，失业，税收和其他因素，有时货币收入的增加，而实际收入可能下降。实际收入的实际购买力扣除价格变动因素。

消费者信心指数反映了人们对健康的乐观或悲观的经济在未来，和如何选择自己的道路。这将影响他们愿意花多少钱在酌情购买。

3. 需要

定义的市场需求，而不是产品。市场是由一群潜在客户有相同的需求。而不是其市场定义为电脑，IBM 已经确立了自己作为一个领导者的管理者想要获得良好的盈利的决策信息。买家更愿意支付比电脑更好的信息系统。劳力士将自己定义为一个身份，而不是一个手表。

成功的营销认为，知道客户比了解产品，所以它常常需要组织变革。在过去，公司组织的业务和销售产品；今天，企业正越来越多地围绕需求。而不是集中在一个特定的产品，该公司专注于一个特定的客户群体。通过这种方式，公司了解客户的业务和需求，和他们找到方法来改善其性能。最大的机会在于会议需要不被竞争对手了。

需求可以分为三种类型：真正的需求、潜在的需求和未知的需求。这三个还需要创建三个相应的市场。

第一是真正的市场意味着客户现有产品已经满意。新企业进入时，在价格上竞争，促进而不是给客户提供新的利益。这些市场出售同类产品较低的利润和产品没有区别。

第二是潜在市场是由客户的特定需求，没有了竞争对手。一个企业发展的产品和服务来满足这些需求，因为没有竞争，企业有机会获得一个非常有利的市场地位。新产品可能是对过去产品的重大改进，比如个人电脑（20世纪60年代获得突破）、录像机（20世纪70年代获得发明）、汽车电话（20世纪80年代获得发明）和浏览器（20世纪90年代获得发明）。仍有许多未满足的需求，如汽车制造商寻找节能的引擎，不污染环境等。

第三是未知的市场。客户有这些需求，也许他们不知道；只有当出现一个产品或服务，他们的动机是识别与一个特定的需要或欲望，和这种市场比管理者想象的发生更频繁。客户不专业的发明家，毫不奇怪，他们往往是短视的在思考新的解决方案。特别是，为客户快速的技术变化很难预见到的好处提供新的解决方案。因此，市场调查常使可怜的假设新产品的机会。产品满足这些早期的需求包括便利贴，索尼的随身听，施乐复印机和在线服务。这些产品和服务改变客户的行为，创造新市场之前不存在的。

（三）市场机会分析

市场机会分析的三种常用方法是：

1. 市场机会矩阵

市场机会分析的任务是调查和研究内部和外部环境的元素，以澄清他们的现状，改变和发展趋势，决定本组织发展的良好机遇，根据自己的情况。

为了进行市场机会分析，组织必须收集大量的环境信息，包括完全环境和微观营销环境的各个方面。组织需要分配人监控各种来源的信息，如各种期刊、报纸、行业协会出版物等，定期总结信息和营销经理提交报告。

任何组织面临的环境的机会和威胁。然而，并非所有的环境威胁是相等的，并不是所有的市场机会是相等的吸引力。一个组织的战略决策者或管理者可以使用"环境威胁矩阵"和"市场机会矩阵"来分析和评价市场机会。

营销环境分析的任务是调查和研究内部和外部环境的元素，以澄清其现状和发展趋势，区分有利的机会和不利的威胁企业的发展，并根据企业自身的情况做出相应的对策。

公司常用的一种数学方法来收集环境信息是"环境扫描"。环境扫描的具体做法是：企业高层领导熟悉营销环境管理及聘请外部专家分析小组，通过组织调查研究、预测分析，将影响企业管理环境变化的各种可能因素一一列举出来，然后逐一进行讨论，将所有列举出来的与环境事件有关的因素一一列举出来，由评审委员会一致决定，企业对事件的影响程度不同。

市场机会矩阵分析：水平矩阵代表成功的可能性，垂直矩阵代表了潜在的吸引力，代表了潜在的盈利能力。图 3-1 营销环境的分析和评价。

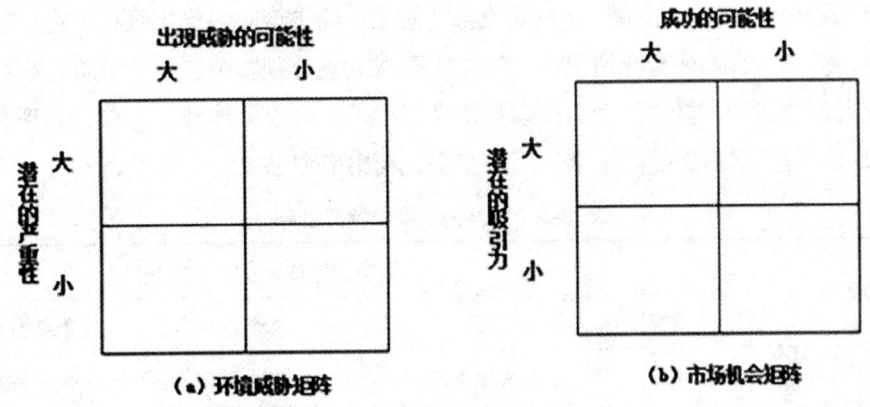

图3-1 市场营销环境的分析、评价

使用上面的方法来分析和评价企业的战略发展方向，可能有四个不同的结果：

（1）理想，是开发企业高机会和低的威胁；

（2）冒险，是开发企业与高的机会和威胁；

（3）成熟，是开发低机会和低威胁的企业；

（4）困难，是发展低机会和高威胁的企业发展。

2.SWOT 分析法

SWOT 是一种常见的环境分析方法。SWOT 分析也可以用来分析市场机会。因为它的简单，清晰，被很多人喜欢。SWOT 分析，也称为情况分析，提出了由旧金山大学的管理学教授在 20 世纪 80 年代早期。这个方法，可以客观地、准确地分析和研究单位的真实情况。

S、W、O、T 分别代表了：优势（Strength）、劣势（Weakness）、机会（Opportunity）、威胁（Threat）。

总的来说，SWOT 可分为两部分：第一部分是 SW，主要用于分析内部条件；第二部分是 OT，主要是用来分析外部条件。使用这种方法能够找出对自己有利的、值得发扬的元素，和对自己不利，想要避免的东西，发现存在的问题，找出解决方案，明确发展方向。

根据这种分析，可以将问题按优先级进行分类，明确哪个是现在急需解决的问题，哪个是稍微耽误的事情，哪个属于战略目标的障碍，哪个属于战术问题，并按照矩阵形式列举出将作为研究对象的问题，然后运用系统分析的思路，将各种因素相互匹配分析，从中得出一系列相应的结论，和结论往往带有一定的决策，有利于领导者和管理者做出正确的决策和规划。

3.市场细分法

通过市场细分发现市场机会，通常使用搜索一个或多个操作变量（标准）来分析市场的实际情况。

（1）需要和特征组合。

有两种类型的市场细分变量：需求和特点。需求是市场细分的基本标准。例如，牙膏公司将市场划分为四类：第一，寻找低价格；第二，确定型腔的优先级；第三，感兴趣的牙齿美白；第四，喜欢牙膏味道很好。这是需要或利益分割。第二个变量特性组合是一些客户特征可以描述和测量。例如，可以将消费者市场划分根据地理、人口、心理和行为，和工业市场可分为根据利益的追求，用户状态，利用率和忠诚。（见表 3-2）

表 3-2 市场的需要和特征组合

需要细分	特征组合			
	人口统计	行为	心理	竞争对手品牌
经济型（低价）	成年男士	经常使用的人	以价值为导向	打折品牌
保健（防止蛀牙）	大家庭	经常使用的人	保守型	佳洁士
美容（牙齿美白）	青年人	吸烟的人	时尚人	Macleans/UltraBrite
味道（好的香味）	儿童	喜欢薄荷味道的	享乐主义者	高露洁/艾姆

（2）市场细分基本模式。

市场细分的基本模型是确定首选的细分市场。下面是一个例子，一个冰淇淋产品。

假设消费者关心的甜味和奶油冰淇淋。有三种不同的偏好模式：同质偏好，扩散偏好和集群偏好（见图3-2）。

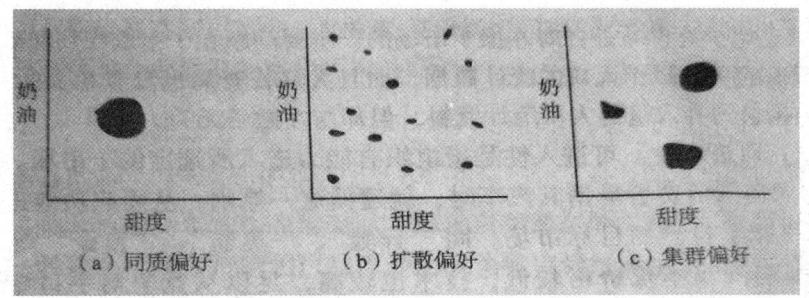

图3-2 市场偏好模式

（3）有效市场细分衡量标准。

有很多方法可以细分市场，但并不是所有的实用。让市场充分发挥作用，必须有以下特点：

1）可衡量性。大小、细分市场的购买力和特点可以测量。一些细分变量是很难衡量的。例如，美国有2400万名左撇子，几乎整个加拿大的人口。但很少产品旨在左撇子市场。主要问题是，很难找到和测量。没有统计的左撇子，人口普查局没有记录。私人数据公司有很多人口，但与左撇子。

2）可进入性。可访问性是指一个组织的能力进入选定的子市场。日本本田公司遵循这一原则在营销其汽车的美国消费者，从而成功地细分市场，选择自己的目标市场。与梅塞德斯等高档轿车相比，奥迪和沃尔沃，本田汽车不仅便宜，而且更先进的足以与竞争对手竞争。然而，本田没有。在20世纪80年代后期和20世纪90年代早期，本田预测，年轻消费者将有更多的可支配收入，越来越多的年轻人将进入豪华车市场二人家庭扩大。与多家公司竞争一个已经被瓜分的市场，也就是已经成为富人、拥有豪华轿车的中老年消费者的一部分，最好是打开一个没有被竞争对手看好的市场，这样就可以完全归B所有，也就是刚刚成为富人、即将成为富人的中青年消费者的市场。

3）可营利性。盈利能力是指的大小选择的次市场组织在市场细分之后，这足以使组织盈利。这是因为消费者的数量是一个组织的利润的来源之一。例如，帝国化学肥料公司（ICI），在20世纪80年代末遭受了重大损失，重组其业务通过市场细分策略，取得了可观的经济效益。根据研究，只有10%的农民化肥购买决策受价格的影响，其他因素包括先进的技术，对卖方的忠诚和品牌忠诚度也受到了影响。所以说要根据这些客户的需求来开发产品。

4）稳定性。细分市场必须有良好的稳定性，以便有足够的时间组织的营销努力，达到良好的结果。如果细分市场变化太快，在某一时刻的客户群将显示一个不同的模式反应几个月后。组织没有办法在如此短的时间内实施市场细分战略。

4.顾客价值迁移与市场机会

价值迁移是指顾客从购买产品的过程中提供的原始过时的业务设计采购产品,可以为他们提供卓越的价值。价值转移将带来新的市场机遇。例如,现在客户曾经买了传统打字机购买电脑和文字处理系统。我用来买纸质书,但现在我买电子书。人们曾经与传统相机拍照,但现在他们用电子数码相机成像技术等等。

正确评估价值的威胁迁移是一个以市场为导向的战略的重要组成部分。更重要的是,这一种威胁可能来自非传统和超越技术的发展,使一些经理没有意识到威胁。

有时价值迁移的影响可以被限制在一个产品,但有时它可以是一个公司,甚至整个行业。预测具体时间、特点、价值和范围迁移是艰难但必要的。市场知识将帮助企业迁移的趋势做出判断价值。

事实上,价值迁移说明了战略和市场之间密不可分的关系,需要定义市场,了解市场的竞争环境和企业运作。

二、营销战略外部环境分析

(一)环境的构成

环境企业营销战略是不断变化和发展。在一定的时间内,成功的企业通常能适应相关环境的变化。营销环境指的是内部和外部的力量,直接或间接影响一个组织的投入产出活动,它可分为宏观市场营销环境和微观市场营销环境。微环境是指与企业密切相关的各种参与者,直接影响企业的营销能力,包括三个层次(产业、战略集团和企业本身)。宏观环境指的一系列巨大的社会力量,影响微环境,主要包括人口、经济、政治法律、科学技术、社会文化及自然生态等,这是无法控制的因素和力量外企业的营销功能。

微观环境直接影响和制约企业的营销活动,而且大部分的企业或多或少经济上的联系,也称直接营销环境,也称为操作环境。宏观环境一般以微观环境为媒介去影响和制约企业的营销活动。在特定的场合,它也可以直接影响企业的营销活动。宏观环境被称为间接营销环境。宏观环境因素和微观环境因素共同构成的综合多因素,多层次、多变的企业营销环境。(参见图3-3)。

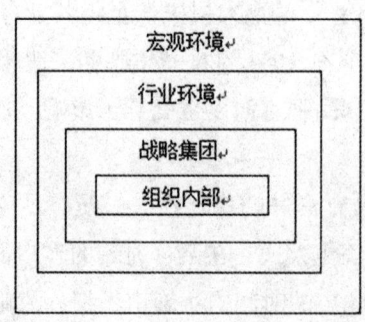

图3-3 营销战略环境的不同层次

基本上有两种趋势在企业环境：环境威胁和市场机会。环境威胁是指环境中不利的营销因素的发展趋势，挑战的企业，对其市场地位构成威胁。这样的挑战可能来自国际经济形势的变化，如1997年东南亚金融危机爆发，对经济带来的负面影响和世界上大多数国家的贸易。挑战也可能来自社会和文化环境的变化。例如，国内外环境保护要求的提高，在一些国家实施"绿色壁垒"无疑将构成一个严重的挑战，一些企业不完全满足环境保护的要求。另一个例子，在2000年底，中国禁止销售含有PPA的药物，"该"被迫退出市场，影响消费者的意识同时，从而导致需求大幅上升PPA的感冒药。

营销机会参考地区吸引企业的营销活动，企业的竞争优势。机遇对不同的企业有不同的影响，企业在每个特定的市场机遇中，成功的概率取决于行业所需要的业务实力和成功条件，如企业是否有实现营销目标所需的资源，企业是否能够比竞争对手更好地利用相同的市场机遇获得更大的"差异利益"等。例如，人们节约用水的担忧提供了海尔的节水洗衣机具有强大的竞争优势。

（二）宏观环境对营销战略的影响：PEST分析框架

宏观环境是指影响企业营销策略的主要社会力量和因素，包括政治——法律因素，经济因素，技术因素和社会——人文因素等。

1. 政治——法律因素

政治——法律因素指的是现有的和潜在的角色和政治力量对企业经营活动的影响，以及法律法规的限制和要求企业业务活动。具体来说，政治因素的分析包括国家政治稳定的地区，国家和企业都位于；执政党的基本政策，这些政策的连续性和稳定性。这些基本方针政策包括产业政策、税收政策、政府秩序和补贴政策。其中，工业政策研究和分析的对象。此外，政府的税收政策影响公司的财务结构和投资决策，和资本持有者总是愿意投资在产业高需求和低税率。

政府因素对企业行为影响相当复杂。一些政府的行为产生排除、限制影响的企业的活动；然而，一些政府政策有指导作用，对企业产生积极影响。政府有时出现的供应商资源，政府的政策和立场等自然资源（森林、矿产、土地等）和国家储备的农业产品，这将产生重大影响一些企业的战略选择；另一方面，政府有时表现为客户和消费者。例如，政府命令产生重大影响的军事工业，航空、航天等国防工业，而间接影响其他行业的消费趋势。

2. 经济因素

经济因素是企业最重要的宏观因素。在众多的经济因素，首先应该分析是宏观经济的大局。一般来说，在宏观经济发展，市场扩大，需求增加，企业拥有更多的发展机会。整体宏观经济状况的关键指标的增长速度是国民生产总值（GNP）。

除了上述宏观经济概况，企业还应该考虑中央银行的利率水平或专业银行，劳动力供给（失业率），消费者的收入水平、物价指数变化（通货膨胀率）等等。这些因素将影响投资决策、定价决策和人员就业政策。

企业从事跨国经营，还应该考虑经济因素，包括类型和水平，关税支付方式的国际贸易，利润控制的政府，税收制度等。东道国政府有时限制外国企业利润撤出中国，有时限制外国企业持有的股份比例。

3. 技术因素

技术因素不仅指那些引起革命性变化的发明，还包括产生、发展趋势和应用前景的新技术，新工艺、新材料相关企业生产。技术的变化不仅为企业提供了机遇，但也带来了威胁。

一方面，技术创新为企业创造了机会。首先，新技术的出现使得社会和新兴产业在这个行业增加对产品的需求，所以企业可以开拓新市场和新业务范围。第二，技术进步可以使企业生产高质量、高性能的产品通过各种方法如新的生产方法、新的生产流程或新材料，同时，产品成本会大大降低。例如，贝叶斯转换器的出现大大改善了在炼钢生产量的效率和降低了生产成本。钢连铸技术的出现简化了处理过程，提高了生产效率，并节约了大量的能量，从而降低产品成本。

另一方面，新技术的出现使得企业面临挑战。技术进步带来了重大改变社会对企业产品和服务的需求。例如，互联网的出现使得在线电子商务一种新趋势。两个农民在浏阳，湖南省成功地开始自己的业务在互联网。

4. 社会——人文因素

社会因素包括社会文化、社会习俗、社会道德、公共价值观、员工的工作态度和人口特征。社会因素影响社会变化对企业产品或服务的需求，也可以改变企业的战略选择。

社会文化的合成是人们的价值观、思想、态度和社会行为。文化因素的强烈影响人们的购买决策和商业行为。主要不同的国家有不同的文化传统，以及不同的亚文化，社会习俗和道德价值观，这将影响人们的消费模式和购买偏好，从而影响到企业的运作方式。因此，企业必须了解文化因素的影响，比如社会行为准则，海关和企业道德概念。例如，中国人倾向于储蓄而不是消费，而超支的信用卡在美国很常见。

（三）行业环境对营销战略的影响

1. 行业构成

行业通常是指经济活动类别分类通过生产同类产品或具有相同工艺过程或提供同类劳动服务，如饮食行业、服装行业、机械行业等。产业发展必然走低层次自然资源开发利用、低层次劳务输出的道路，逐步向规模经济、技术密集型、金融密集型、人才密集型、知识经济转变，从自然资源出口逐步向工业产品、知识产权、高科技人才出口转变。

从企业的角度来看，一个行业是一个集团公司，产生相同的主要产品。行业的主要竞争企业的范围。产业环境决定了企业竞争的强度。行业通常由客户、生产商、供应商、经销商、分销商和中介机构的信息。

2. 行业竞争分析工具——五力模型

五要素竞争力模型（简称五力模型）有助于识别来源的行业或部门的竞争。迈克尔·波特的五种力量模型是由一个著名的战略管理硕士，作为一种工具来分析竞争优势的竞争。五种力量模型认为，一个组织的行业的竞争程度取决于五个因素：现有同行之间的竞争、潜在进入者的威胁、供应商讨价还价的能力、议价能力的客户（用户），和威胁程度的替代品。

当使用五种力量模型分析竞争因素，必须牢记几个点：

它必须使用在业务水平。并不适用于整个企业的多元化发展的分析。一家航空公司，例如，选择旅游路线，货物路线，它的客户范围从休闲旅行者业务人员和货物。在不同的市场竞争因素是不同的。

该模型属于动态分析而不是静态分析。

五个竞争元素并不是相互独立的，但联系并相互影响。一个元素的变化常常影响另一个的变化。例如，当潜在进入者找到现有的进入壁垒（如通道阻力），他们可能会绕过传统销售渠道和采用新渠道（如直接销售和网上销售）。

竞争行为可能破坏这些竞争的元素。竞争对手有时采用动态竞争行为使竞争环境处于不平衡和不稳定状态很久了。竞争优势是短暂的。

第三节 市场营销战略选择

一、营销总体战略

对于一个组织，只不过营销的整体战略是考虑两个基本问题：

（一）组织基市战略选择——多元化，还是专业化？

1. 专业化

专业管理是指一个企业的不断发展，从事生产、经营业务在一个特定的领域，符合自身的资源条件和能力。

专业管理的优势主要有以下几点：（1）专注于最熟悉的领域有利于集中优势资源和提供组织的竞争优势。（2）有利于扩大规模，提高效率，获得成本优势。（3）它可以进一步研究和满足客户的需求，赢得客户忠诚度，让客户更加满意，以培养一个持久的"消费文化"。（4）品牌和产品可以更综合，深深扎根于人们的心灵。（5）企业组织是相对稳定的。一百年或二百年通用电气一直在几乎单一产品，从灯泡开始，持续了几十年，然后切换到电动马达等等，从未离开电。这一事实现在世界上最成功的公司说明了专业发展的愿望。

当然，组织专业管理策略实施过程中也有困难的一面。重点是以下几点：（1）通过专注于一个业务，一个更广泛的投资利润。（2）很难找到或创建一个核心产品，可以使用很长一段时间在一个专门的商业策略。（3）容易陷入"过度专业化"的危机。一旦在这个行业有一个危机，有一个较高的退出障碍。（4）一些技术或其他企业的资源优势不能充分发挥。容易陷入自满，无法及时检测行业和市场的变化。（5）营销战略和战术是一个严重的挑战。

组织时必须注意以下几点专业发展的道路：（1）坚持低成本战略。低成本战略是专业化的核心和第一选择。（2）建立科学研究预测系统。研究和预测市场，及时预测经济和产业的收缩，以应对"过度专业化"的危机。（3）优秀的 CIS 策划和推广。

2. 多元化

多元化管理是一个企业管理策略，企业同时生产或为两个或两个以上的产品或服务提供不同的基本经济适用到不同的市场。包括企业获得最大的经济效益和长期稳定运行和发展的潜在市场，或通过其他行业企业的吸收丰富的一系列产品结构或丰富产品组合结构。

企业多元化的优势如下：（1）它可以捕获更多的投资机会在不同的市场，建立一个广泛的业务组合。（2）可以扩大资产规模更加迅速，并加强企业。（3）能够充分开发和利用专利技术或资源提供各种各样的产品或服务为不同的市场。（4）可以有效避免、分散或降低"过度专业化"的风险。（5）能够充分利用品牌优势，员工潜力，品牌效应和市场营销网络，并有效地使用管理经验、知识积累和物质资源。（6）操作灵活，能迅速从不良业务退出。

组织采取多元化的原因见表3-3。

表3-3 组织多元化动机

动机分类	动 机	内 容	举 例
加强策略性竞争优势的动机	*规模经济（相关多元化）	*共享行动	宝洁公司的组织和纸尿布是一个制造商和分销渠道
		*传播的核心竞争力	美国维珍（VIRGIN）公司将其营销技巧推广到旅游、化妆品、音乐、饮料、手机和其他业务
	*市场影响力	*阻止竞争对手进入通过多个点的竞争	UPS和联邦快递进入对方的市场与之结盟
		*纵向一体化	苹果是垂直整合成音频和视频
	*财务经济	*合理管理内部资金	2003年，通用电气创造了一个专为休斯股票
		*业务的重新组合	湖南省娄底、2006年，百雄堂业务集成到餐饮、房地产和农业高新技术将其业务整合成餐饮、房地产、农业高科技三大板块

(续表)

动机分类	动机	内容	举例
管理者动机	*减少管理就业风险		
	*提高高管薪酬		
其他动机	*法律约束	*反垄断监管	IBM和微软起诉被打破
		*税收法律法规	收益抵消折旧的资产
	*风险	*不确定现金流量	
		*企业降低风险	
	*资产	*有形资产	销售人员的过度使用
		*无形资产	一个强大的品牌

3. 多元化、专业化的选择法则

（1）前提法则。

组织剩余资源。很明显，有资源的多元化。当然，即使有剩余资源，也不一定要执行多样化。

（2）起点法则。

东道国的市场经济发达国家和法律是合理的。专业化或多元化是一个国家的经济发展密切相关。当一个国家市场经济发展的时期，企业主要采用专门的管理策略。当市场经济发展到一定程度，企业主要采用多元化的管理策略。当市场经济非常发达，许多企业专业化管理策略。这可以从美国的发展历史，总结西方欧洲和日本的公司。从19世纪末到20世纪40年代和20世纪50年代，大多数企业在欧洲、美国和日本进行专业管理。从20世纪50年代开始，他们开始多元化。近年来，欧洲和美国企业"瘦身风"吹，清理非核心业务，专业管理策略的实现。

采用专业化或多元化的可靠性密切相关，一个国家的法律，特别是有关经济。健全法律越少，企业面临的不确定性越大，风险越大。为了避免风险，企业通常"不要把所有的鸡蛋放在一个篮子里"。

（3）行业法则。

行业生命周期。一般来说，企业在生命周期的早期工业应采取专业管理策略；在中间阶段企业应根据具体情况选择专业化或多元化；后期的企业应该积极开展多元化业务。

该行业衰落的三个主要原因：第一，由于自然资源有限，采掘企业迟早将面临资源枯竭的状态。第二，比较优势的变化会导致下降。在经济全球化的今天，由于国家资源，市场技术、人力资源等方面的差异。一些行业将下降在一些国家由于国际比较优势的转移，而在其他国家的形成和发展，从而形成了国际产业转移。例如，纺织工业和钢铁工业，国家竞争优势的变化，后来逐渐从发达国家转移到发展中国家（如日本、韩国，然后中国）。

发达国家失去了这些行业的优势，而后来的发展中国家获得国际竞争力。第三，社会因素会导致经济衰退。最典型的行业是烟草行业。由于升级的禁烟运动，烟草企业面临着一个"无望的未来"。因此，如果一个企业在行业周期的下降时期，它应该利用当时的操作资源与能力在经济衰退之前，积极拓展新产业领域以外的行业，和积极开展多元化业务。

（4）市场能力法则。

市场能力法则有多选择。我们分析了积极和消极的市场增长率和企业竞争力的优势和劣势。在某些国家的企业，其业务战略有不同的选择。

现有行业的市场增长率是正的，而企业在行业的竞争力是削弱或地位降低。如果从这个因素，它应该是专业化和多样化。因此，在做出决定之前应该考虑其他因素。

如果现有行业的市场增长率为正，企业具有较强的竞争能力或行业领先地位，则应以专业化战略为第一选择，充分发挥竞争优势，巩固和扩大企业在行业的领先地位。

如果当前行业的市场增长率是负的，企业在行业的竞争力是削弱或地位降低。在这个时候，企业应该选择多元化经营战略，也就是说，进入新的行业从事经营活动，并逐渐退出这个行业，实现商业领域的战略转移。

如果市场现有产业的增长率是负的，和企业有很强的竞争力。在这个时候，企业应以多元化管理战略为第一选择，寻求新的增长空间通过自己的强大力量。在大多数情况下，公司的现有产业不撤退，但巩固其地位。

（二）组织营销战略方针

一旦你决定你的组织要走什么样的道路，是时候采取措施来保护它，组织应该考虑是否采用的战略发展，稳定或紧缩。

1. 发展型战略

面向发展战略指的是组织最佳的利用外部环境中的机会，避免威胁，并充分利用企业内部资源的潜力，以获得企业的长远发展。

这种战略是基于产品和市场元素。产品包括现有产品、新产品和预期的产品，而市场分为现实市场和潜在市场。把它们拿出六个类型（见表3-4）。

表3-4 市场发展方向

产品 \ 市场	现实市场	潜在市场
现有产品	市场渗透战略	市场开发战略
新产品	产品开发战略	多角化战略

在实际的市场和现有产品的条件下，企业应该采取市场渗透战略；在现有产品和潜在的市场条件下，企业应该采取市场发展战略；新产品和真正的市场条件下，企业应该采取现有的产品开发策略。新产品和潜在的市场条件下，企业可以采取多元化战略。

（1）市场渗透战略。

市场渗透战略的指导原则之一是扩大现有产品的销售市场。决策依据市场渗透战略，就是：产品的销售量＝数量的用户 x 每个用户的频率。

根据公式，一个企业想要扩大现有产品的销售，入口点有三：第一，是为了增加产品的数量用户；第二，消费者使用产品的频率；第三，诱导消费者提高产品的使用。

综上所述，市场渗透战略是希望通过小的改进现有产品和现有市场，吸引更多的顾客的风险最小。如果市场处于成长期，这个策略可能会增加公司的收益在短期内。当市场变得成熟，企业将不可避免地遇到激烈的竞争。最致命的打击企业使用渗透战略是产品市场处于下降阶段。

市场渗透战略也可能有更大的风险，主要是：

首先，企业通常需要在市场的绝对主导地位，否则，将会有许多强劲的竞争对手。

其次，企业更喜欢专注于现有交易，可能会错失更好的投资机会。

第三，客户利益的转移，容易导致企业现有的目标市场的崩溃。

最后，一个重大技术突破甚至可以一夜之间把产品变成一堆垃圾，造成公司采用市场渗透战略。

（2）市场开发战略。

市场开发战略风险高于市场渗透战略，这迫使经理们拓宽他们的视野，开拓新的市场，创造精神和定义营销组合。然而，战略仍然没有减少风险由客户减少或技术落后造成的。

（3）产品开发战略。

产品开发战略是战略产生的原始市场和新产品生产准备。它是一个企业发展战略将新产品进入现有市场或增加产品类别通过使用新技术以提高市场份额，增加销售。从某种意义上说，这一战略是企业发展战略的核心，因为企业，毕竟市场是不可控因素，产品开发是企业的可控因素可以努力去实现。

采用产品发展战略的前提是，企业应该有一个全面了解的客户的消费倾向以及其他能够提供的产品满足客户的需求，这种策略是创新在一定程度上。新产品的开发需要企业重视研发、技术进步和改善他们的适应性。如果企业的潜力只习惯在原有的市场客户中寻找新的投资机会，而其他市场，特别是不断增长的新市场可能比现有市场更有利可图，这可能是因为没有找到其他市场，导致了更大的机会成本。

新产品开发策略的关键是形成和优化新产品概念的基础上，产品开发。这个"新产品概念"包括以下三个层次：1）新产品概念必须满足消费者的需求；2）同样的产品可能有多个"概念"，也就是说，通常被称为"卖点"或"卖点"；3）前要检查这些概念产品开发。例如，当派克钢笔首次出现，起点是"代表高贵身份"的概念，而不仅仅是"写"的概念。当南京阳大厅推出农夫山泉纯净水，抓住"品味"的概念，推广的概念"农夫山泉有点甜"，关于"解渴"的新概念的纯净水。

（4）多角化战略。

多角化战略，也称为多角化管理战略，是指企业在新形成的战略产品领域和新的市场领域，也就是说，企业同时生产和为两个或两个以上的产品或服务提供不同的基本经济适用。企业实施这一战略以稳定运行了很长一段时间，追求最大的经济效益。

多角化战略的主要形式：根据现有业务之间的关联度和未来业务多元化战略可以分为以下类型：

1）横向水平多角化战略。这是指企业的现有产品市场为中心，业务领域的扩张的水平方向的多样化，该策略可分为以下三种形式：①市场开发。基于现有产品，企业开发新市场。②产品开发。企业以现有市场为对象，开发新产品和现有产品相似。③产品/市场开发。企业开发新产品与新开发市场为对象。

2）纵向垂直多角化战略。这是指企业根据现有产品、市场，垂直方向垂直多样化经营战略的业务领域的扩张。

3）多向多角化战略。该战略是指企业发展相关的现有的产品和市场领域，但完全异构产品和市场扩大业务领域的多元化管理，战略可以分为以下3个方面：①技术多元化的关系。基于研究技术或生产技术在现有的业务领域，企业发展多种经营不同的产品在不同的市场。如工厂生产镜头玻璃、玻璃器皿、眼镜等。②营销多元化的关系。基于现有的业务领域的营销活动，企业进入完全不同的产品市场。如果铅笔厂主要生产自动铅笔、圆珠笔等。③多元化的资源。基于物质资源所拥有的现有业务，企业进入不同的产品和市场领域充分利用多样化的资源管理。

4）复合式多角化战略。这指的是多元化经营战略，企业在产品和市场寻求增长机会与现有的业务领域，没有明显的关系。战略可以分为以下4个方面：①资本多元化的关系。这是首都，指出一般关注当前单位融资或增加养老的发展，合作单位。②人才多样化之间的关系。这是指使用专利或特殊技术人才在企业中，发展新的业务领域多元化管理。③信贷关系多样化。这是指金融机构的多样化的授权失败或失败的业务进行重组。④整合多元化。这指的是多元化，以退出当前的业务领域，或发展成一个大型综合性企业。

2. 稳定型战略

稳定的战略是一个战略，不改变原有的资源配置和企业的管理风格在未来阶段的基础上，全面分析企业内部和外部环境的变化。

可能有四个原因企业采用稳定的策略：首先，企业创建的经营业绩在过去感到满意，希望维持和追求的性能水平，过去一样。第二，当外部宏观环境和行业环境恶化，和企业无法找到的机会进一步发展在很短的时间内，企业将采取维护策略。第三，企业不愿意承担的风险，改变当前的策略。如果企业采用新的发展战略，企业的经营者常常觉得没有足够的认识和必要的准备，新产品或新市场。因此，采用稳定策略使他感到更安全。第四，刚上任的高层领导人在企业内部，因为不太熟悉企业发展水平和发展趋势，一旦轻易调整或改变当前企业战略可能导致动荡。因此，企业倾向于稳定一段时间，维护现有的生产和销售规模和竞争地位。

企业稳定型战略有三种类型：

（1）无变化战略。公司采用这种策略保持不变，除了调整每年通货膨胀率的目标。这种策略通常是基于两方面的考虑：首先，前面的策略没有显著的操作问题；第二，过去采用的策略确保了企业管理的重大成功。在这两种情况下，企业的战略高级经理认为没有必要调整当前的战略，或者他们害怕战略性调整将带来的困难企业调整和资源分配中受益。

（2）暂停战略。经过一段时间的快速发展，企业倾向于失去效率和组织功能弱化。为了进一步优化配置内部资源，寻求更大的发展在未来，战略管理者可能采用悬挂策略。在暂停的实现策略，企业可以获得时间积累的内部能量，准备在未来更大的发展。例如：企业合并后，为了更好地集成业务的企业合并，合并后的企业，暂停策略可能被采纳。

（3）谨慎战略。企业所面临的外部经营环境的变化在短期内无法预测其发展趋势，一旦环境变化趋势是错误的判断，错误的战略的实施将给企业带来重大损失。在这种情况下，企业会有意识地放慢速度的战略性调整和实施策略，耐心地等待环境变化的趋势逐渐显现。这种策略被称为谨慎的策略。

3. 紧缩型战略

紧缩型战略指的是消极的策略，企业选择收缩或退出原来的战略业务领域和偏离战略起点的基础上，客观分析的内部和外部环境的变化。

紧缩型战略的三种类型：转变战略、撤退战略和清算战略。

（1）转变战略。这是一个战略经营活动中暂时的危机和值得拯救。只有当业务本身是值得拯救的策略应该改变了。当采用时，企业必须首先考虑以下两个问题：第一，是否长期业务仍然可以盈利？主要分析和评估竞争市场的吸引力企业所在地和企业在竞争激烈的市场的位置。第二，如果业务仍然是有利可图的，有必要考虑是否业务或业务的价值获得长期持续操作的值大于清算。企业应该尽可能清楚地分析这两个问题。如果企业试图拯救一个企业应该属于清算或关闭，它将浪费时间和资源，显然这是不值得的损失。

有三种战略模式选择实施转型战略：

1）修订现行战略。如果业务表现不佳是由于不恰当的原始策略，可以改变当前的战略由以下方法：采用新的竞争手段来重建企业的市场地位；改变战略业务部门和功能层的企业或公司为公司的整体战略提供强有力的支持；开展与其他企业合并业务领域和转型策略基于合并后公司的优势；与企业的匹配能力，企业的业务范围将被压缩到一定的主导产品，一定的核心市场。具体方法的选择取决于行业的状态，企业的独特优势和劣势与竞争对手相比，以及危机的严重程度。因此，产业结构的特点，分析企业的竞争地位，他们的资源和管理功能是修改当前策略的先决条件。

2）提高收入战略。收入提高战略的目的是保存业务活动通过增加销量和收入。具体地说，有几种选择：降低经营的成本；推广方法；加强销售力量，如人员、资本增加；取消客户服务计划；快速实现产品改进。如果没有需求的价格弹性，收入还可以提出通过提高价格。成本降低的很少或没有房间，手术只能维持收支平衡的情况下，增加销售收入是一个必要的战略选择。

3）降低成本战略。企业的成本优势是综合反映了不同的竞争优势，而成本优势决定了价格优势。因此，当企业的成本结构是灵活的和企业收支平衡点附近的操作，降低成本已成为企业最好的选择在困境中改变其策略。这方面措施是不同的，从人、金融、材料等管理资源有效利用、设备，现代化的技术以及生产过程的科学，产品设计合理化等可能为企业降低成本。

简而言之，转型战略的目的是通过各种努力，扭转企业财务状况，成功生存下来，争取改善这种状况，如削减开支，削减广告和其他促销的成本，加强应收账款、库存控制、部分资产的收集和拍卖，减少关键和低附加值活动，削减管理等。采取这些措施，有时企业冲击很大，尤其是在企业员工下岗分流，减少管理人员和更换冲击更大。因此，转换策略必须非常谨慎。

（2）撤退战略。撤退策略可以节省企业的力量，等待机会攻击。当企业现金流越来越紧，企业的总体战略、撤退战略的选择。通过出售一些资产，如工厂设备、土地、专利、库存和亏损的子公司；削减开支，削减广告和促销成本，加强库存控制，收集应收账款，减少管理人员；撤回一些产品线或者市场，集中企业资源企业的主导产品和核心市场。企业资产的减少不仅可以增加现金的来源和摆脱亏损的业务，但也加强和巩固保留业务通过筹集资金。

放弃战略和分离战略就是撤退战略的两种类型：

1）放弃战略。企业遇到巨大困难和后预计将难以扭转局势通过改变战略或未能采取改变策略，企业可以采取放弃战略和撤回操作资源从一个特定的业务领域。这个策略需要复苏的基金为起点。企业将暂时留在夕阳产品市场，但不进行任何新的投资，停止一切设备维修，停止一切广告活动和研发，尽量选择少量的产品形式和类型，停止一切售后服务，减少产品的分销渠道。一句话，这一战略从企业的现实，旨在尽快恢复现金，最后放弃了这个领域。

2）分离战略。分离战略可以采取两种形式：一是独立的一个部门单位的公司，所以单位都有自己的独立金融和管理，母公司只保留部分所有权或产权不清；二是找到买家愿意进入业务单元和卖掉它。

（3）清算战略。清算战略也称为清算策略，也就是说，因为企业无法偿还债务，只有通过出售或转让的资产，以偿还债务或停止所有业务操作，并终止企业的生命。有两种形式的清算，前者通常由股东决定，后者由法院。清算战略是最痛苦的战略选择。专业企业，这意味着企业组织的存在。多元化的业务，这意味着一定数量的工厂解散和裁员。通常，这是当所有策略采用的策略失败，当企业的资产不足以偿还其债务，然后宣布破产。

当没有希望恢复操作，早期的清算是为了保护股东的利益比被迫破产。否则，该领域的挣扎只会消耗企业的资源，但不能做任何好事。因此，在某些情况下，清算战略应该是一个明智的人。

二、营销竞争战略

（一）营销竞争战略的影响因素

当一个组织制定市场竞争策略，它受多种因素的影响，其中最重要的是以下四个方面：

（1）一个组织所面临的竞争环境的状态。组织竞争环境的性质是什么？它是稳定和成熟或快速变化的和不确定的？竞争是激烈的吗？这是解释在前面的营销策略分析行业环境分析。

（2）客户价值。在考虑是否有获得竞争优势，重要的是要关注在特定顾客或用户的价值。思考营销效率，考虑是否有一个策略，让买方或用户感觉更有价值比提供的战略竞争对手，以便买方愿意支付比竞争对手更高的价格。

（3）组织的竞争力。业务单元是否有能力实现建立竞争策略？这些功能可能会提供一个可持续的竞争优势？有可能竞争对手快速复制和进一步提高这些能力呢？

（4）组织的约束。当采用约束一个组织面临什么竞争策略（如利益相关者的期望）。

（二）营销竞争战略的路径选择

我们可以选择根据战略组织决定了市场竞争策略。战略时钟是一个工具来衡量组织的战略路径根据顾客价值所提供的产品或服务水平和价格水平。它以顾客感知价值为纵坐标和价格作为横坐标（见图3-4）。战略时钟是一个以市场为基础的模型，认为总体战略的选择，以及它的核心问题是：什么是产品或服务的价值的客户或供应商用户的资金吗？战略时钟并不否认的成本基础组织的重要性，但它将成本基础的制定一个通用的策略，而不是自身竞争优势的基础。

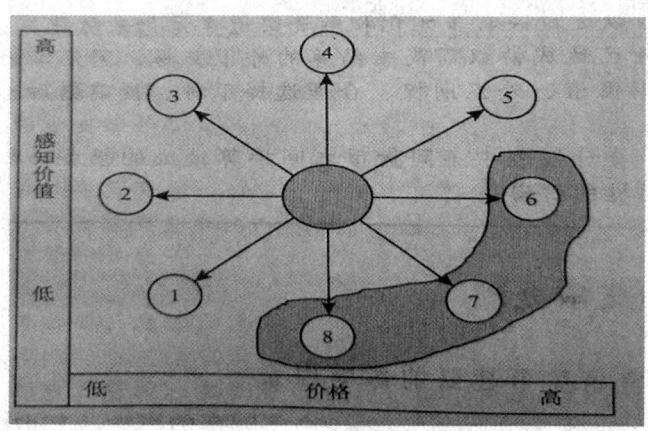

图3-4　战略时钟

1. 以价格为基础的营销战略

路径 1 看上去不吸引人，但是一些组织成功通过遵循它。只提供了基本的价值或服务的策略是一个结合了低价格，低附加值，并专注于对价格敏感的部分。战略工作主要是因为有一个段，顾客知道产品的质量或服务的部分较低，但是他们不能或不愿意买一个更好的产品或服务。2000 年，英国最赚钱的服装零售商马修公司将采用这一策略，百货公司零售连锁阿尔迪和内图也采用了这一策略：在他们的店里，简单的陈列物品相对有限，没有太多的特殊性或奢侈品，但是商品的售价非常低。公司可以通过路线 1 和进入一个市场利用市场作为桥头堡扩大销售在选择使用另一个策略。这种策略也可能是一个可行的方法当大多数公司在一个行业采用其他策略。

说明：如表 3-5 所示

表 3-5　路径解释

路　径	路径说明	需求/风险	备　注
路径1	只提供必要的价值或服务	可能只适用于特定的细分市场	路径1～5实施差异化
路径2	低价战略	有价格战的风险和较低的利润，需要成本领袖	
路径3	混合型	低成本、低价格和分化需要再投资	
路径4	差异化 （a）没有溢价 （b）有溢价	（a）客户感知的增值，产生收入市场份额 （b）客户感知到的升值足以支撑溢价	
路径5	集中差异化	认为溢价在一个特定的细分市场	
路径6	提高价格/标准价值	如果竞争对手不一样，会有更高的利润；但有一个失去市场份额的危险	失败是更有可能
路径7	提高价格/低价值	只有在垄断条件下可能的	
路径8	低价值/标准价格	市场份额损失	

2. 增值或差异化战略

路径 4 是实现增值或差异化策略。差异化战略是指提供产品或服务，是唯一的或者不同于竞争对手给客户提供的价值。差异化战略的目标是，获得更大的市场份额比竞争对手通过提供更好的产品或服务在同一价格，或增加利润稍微提高价格。差异化战略可以用下列方法来实现：

（1）产品独特性或产品改进。例如，投资于研发、设计的专业知识，或重要创新能力。这也是一个常见的有竞争力的制造企业所使用的方法，如汽车制造商，实现更大的可靠性，延长产品生命或更好的性能通过投资技术或设计。但应该注意的是，这种改进通常不会持续——竞争对手有能力赶上来。

（2）市场营销专业知识。展示你的产品或服务满足客户的需要比你的竞争对手。在这种情况下，差异化策略可能是基于品牌影响力，或通过强有力的促销手段来实现。

（3）组织特定的核心竞争力。也就是说，一个组织依赖于它的核心竞争力来实现差异化。一个组织的核心竞争力的确是组织的独特的能力，这是竞争对手难以模仿。然而，作为差异化策略的基础，很难识别核心竞争力。

3. 混合型战略

路径 3 指的是实现差异化战略，价格低于竞争对手。混合策略是日本汽车制造商的成功的原因在市场在 20 世纪 90 年代和 20 世纪 80 年代。混合策略的成功要求能够理解和满足客户需求，创造更高的价值，同时具有较低的成本基础，确保较低的价格和充足的资金可以投资在保持和发展一个分化的基础。

在下列情况下使用方法，混合策略比较优势：

（1）比竞争对手更大的销售。较低的成本基础，仍然可以保持利润率的吸引力。

（2）能够清楚地理解核心竞争力构建差异化的基础。降低了其他活动的成本。宜家可以达到高标准和低生产成本，而专注于市场营销、产品类别、物流和存储操作创建分化。

（3）有一个有特殊需要的细分市场。低价格的方法是有用的。宜家提供高质量的产品，但针对的客户部门，准备自行装配和运输产品。

（4）在市场竞争对手是强大的。混合策略是日本企业所使用的战略方法开发新的全球市场——他们寻找弱点在他们的竞争对手的业务组合，比如一个糟糕的业务在全球区域，然后用更好的产品和更低的价格进入市场。他们的目标是增加市场份额，竞争对手和为他们的下一步行动奠定了基础。

4. 集中差异化战略

路径 5 的一个策略，指出选择细分市场提供更高的感知价值和收取更高的价格。在汽车市场，福特、路虎、标致、雷诺、大众和日本制造商都在同一市场竞争，努力向客户证明他们的产品是不同于他们的竞争对手。雷克萨斯也是一辆汽车，但它不寻求与其他制造商直接竞争，它具有较高的感知价值和价格远高于普通汽车，所以吸引不同的客户群体和不同的细分市场。

以下重要问题时必须考虑实施集中差异化战略：

（1）这一战略的实施可能常常不得不选择广泛的差异化战略和集中差异化战略。选择可能是全球性的，因为市场越来越全球化，管理者必须决定是否继续分化在广泛的范围内或选择性的集中战略。事实上，在 20 世纪 90 年代，许多跨国公司决定出售一些业务多元化投资组合降低以达到一个集中的策略。

（2）因为通常选择一个集中的组织战略目标特定的细分市场，重要的是要认识到选定的细分市场的组织，管理者也面临着各种选择的战略时钟。美国细分为豪华车以在市场上竞争，但在这一细分市场，却遵循了与其他豪华车厂商截然不同的策略：雷克萨斯的竞争对手被视为高档奔驰和宝马，面对这些竞争对手，雷克萨斯采取了低价策略或混合动力策略，虽然雷克萨斯的质量与其他同类车一样，但价格较低。

（3）清楚地识别组织细分市场目标。细分市场应该划分根据客户的需求，而且识别客户需求到客户需求满足的实际行动。这是困难的如果一个组织试图在不同的细分市场的竞争和不同的需求。例如，一家百货公司试图在一家商店里销售多种商品，也试图吸引不同类型的顾客，但可能会遇到一些问题，因为商店本身的装修、安装、装修、购物环境和销售人员根据不同的细分市场的需求是不一样的。

（4）集中差异化战略与利益相关者的期望可能冲突。例如，如果公共图书馆摆脱领域投入更多资源的要求相对较低，分馆更受欢迎，他们的成本效率将提高。此外，图书馆服务扩展到音频和视频磁带或新的公共信息服务将受到欢迎；然而，这些策略在多大程度上属于图书馆事务将被热烈讨论。

（5）一个新公司的开始。采用一个非常集中的策略通常是新公司的策略。许多新医院在长沙，例如，提供新的、创新和"主要"医疗服务形式的"专业"的医院。然而，一家新公司很难找到一个合适的发展道路，因为从路径5到路径切换4意味着不仅降低了价格，也降低了成本，同时保持分化特征。同时，保持高度集中的策略（路径5）并不容易，因为用户可能没有准备好或者能够付出了高昂的代价。

（6）有针对性的监控差异化战略的优势，因为市场条件可能改变，细分市场的差距可能逐渐变小，这个组织将面临更激烈的竞争，比如与高端车型的车型越来越接近豪华风格，豪华车厂商担心像豹；另外，市场进一步分割为竞争对手提供更多的差异化的产品或服务。

5. 失败战略

路线策略的6、7、8注定要失败。路线6是提高价格没有给客户增加价值。（当然，这也是垄断组织，所使用的策略已被批评。除非组织采用这种策略是受法律保护或高经济准入壁垒，竞争可能导致其市场份额的下降。路径7比路径6的道路更加灾难性，从而需要提高价格而降低产品或服务的价值。

路径8是减少值，同时保持价格不变，这也是危险的（尽管一些公司）——高的风险在于，竞争对手会利用机会大大增加他们的市场份额。

失败的另一个可能性是，该公司并不知道它的基本策略是什么，所以它是"夹在中间"，只能什么都不做。

（三）营销竞争战略的类型选择

正确的市场竞争战略是企业的关键成功实现其营销目标。如果一个企业想要无敌在激烈的市场竞争，必须建立竞争的概念，制定正确的市场竞争战略，试图获得竞争的主动权。根据企业在市场上的竞争地位，现代营销理论把企业分为四种类型：市场领导者、市场挑战者、市场跟随者和市场补缺者。

1. 市场领导者

市场领导者是市场占有率最高的公司在相关的产品。例如，通用汽车在美国汽车市场上，微软在计算机软件市场，可口可乐在软饮料市场，麦当劳在快餐市场都是市场领导者。一般来说，大多数行业都有公司是公认的市场领导者的价格变化，新产品开发，分销渠道的宽度，和宣传力量。

为了保持他们的优势和保持其领先地位，市场领导者通常可以采取一些措施和措施，抑制竞争对手。

（1）扩大市场需求总量。

当一个产品的市场总需求膨胀，企业效益最领先地位。例如，柯达将受益最多如果美国消费者增加照片的数量，因为柯达电影占了超过70%的美国电影市场。一般来说，市场领导者可以扩大市场需求从四个方面：发现新的用户，开辟新的市场，发现新的用途和增加使用。

（2）保护市场占有率。

近年来，外国经理经常使用军事战略和战术时的政策，尤其是伟大的关注中国古代的军事策略。这是一个军事原则，"进攻是最好的防御。"香港电信运营服务担保计划称为重力，它允许客户申请免费租用线路甚至现金出去当移动服务无法满足他们的服务标准。它也引入了营利性服务，如视频点播，向用户发送电影"房屋通过普通的电话线"。

如果市场领导者不攻击，他必须捍卫自己的立场。市场领导者必须善于准确地识别哪些职位值得保护和风险更低的放弃。主导者往往不能维持其所有职位在整个市场，应该把精力集中在防御部队。

（3）市场主导者的防御战略。

1）阵地防御。它指的是围绕现有头寸建立防线。这是一个静态形式的防守，防守的基本形式，但并不是唯一的一个。如今，虽然可口可乐已经约占世界一半的软饮料，它仍然是积极参与多样化，如进入葡萄酒市场，收购果汁饮料公司、塑料和海水淡化设备等行业。

2）侧翼防御。这意味着除了捍卫自己的立场，市场领导者还应该建立一些辅助基地防御位置，必要时反攻基地。特别是，他应注意保护较弱的侧翼，防止竞争对手利用情况。例如，在20世纪30年代，美国主要汽车公司被无情地攻击日本小汽车，因为他们没有注意他们的侧翼防守。大荣是日本最大的连锁超市，报复的折扣店，试图与外面开设新店的城镇和销售更多的进口商品。在菲律宾，生力啤酒公司的白威士忌被亚洲啤酒公司"虎"牌啤酒的挑战，生力公司推出了侧翼品牌"金鹰"的挑战，结果取得了防御成功。

3）以攻为守。这是一种"先发制人"防御，之前攻击竞争对手的攻击。预防胜于治疗，认为战略。当竞争对手的市场份额达到一个危险的高度，攻击它。或发起全面攻击所有的竞争者在市场上，让每个人都感到不安全。例如，日本精工手表销售超过2000个世界各地的型号的手表，提出全面威胁。

4）反击防御。当市场领导者攻击对手降低价格或促进销售、提高产品和占领市场地位，他应该主动攻击入侵者的主要市场地位，而不是被动地应对攻击。正面反击、侧面反击或军进攻可能启动切断攻击者的后方。当攻击市场领导者在本国领土，一个非常有效的方法，是攻击者的攻击主要领土，迫使他收回他的一些力量来捍卫自己的领土。这就是所谓的"围魏救赵"。富士和柯达的例子。当富士袭击了美国的柯达柯达报复性的打入日本市场。

5）运动防御。这种策略的目的是不仅要保护现在的位置，而且还扩展到新的市场地位的中心未来的防御和攻击。市场扩张可以以两种方式实现：①市场扩张。它指一个企业将注意力从当前产品基本需求相关产品，全面研究和开发相关的科学和技术需求。把一个"油"公司变成一家能源公司，例如，不仅仅意味着扩大市场的能源——石油，但覆盖整个能源市场。②市场多元化。即无关的其他市场扩张，执行多元化管理。烟草公司在美国，例如，转向其他行业，如酒类、饮料、冷冻食品，因为不断增长的社会限制吸烟。

6）收缩防御。全面防御所有的市场位置有时回报。通常，最好放弃一些疲软的市场地位，专注于市场的主要地位。例如，美国西屋电器公司将其电冰箱的品种由40个减少到30个，使其更具竞争力。

（4）提高市场占有率。

市场领导者寻求增加市场份额，但也增加了收入，保持领先地位是一个重要的方式。企业应考虑以下三个因素在提高市场份额：

1）反垄断活动的可能性。许多国家反垄断的法律允许公司被起诉和制裁当他们的市场份额超过一定的限制。

2）增加市场份额的成本。市场份额达到一定水平时，进一步改善将是非常昂贵的，结果可能不值得损失。

3）营销组合策略时使用争夺市场份额。一些营销技巧有效地增加市场份额，但不一定增加收入。

2. 市场挑战者

市场挑战者、市场追随者是那些处于次要位置（第二、第三或更低）市场，比如福特在美国汽车市场上，百事可乐在软饮料市场，等等。每个企业在市场上的第二个应该决定其竞争策略，是"挑战"或"关注"根据自己的实力和环境提供的机遇和风险。市场挑战者应该选择合适的进攻策略，如果他们想挑战市场领导者和其他竞争对手。

（1）正面进攻。

这意味着关注攻击你的对手市场的主要地位，也就是说，攻击你的对手的优势而不是劣势。在这种情况下，攻击者必须在主要方面大大超过他的竞争对手的产品、广告、价格等，以取得成功。另一种方法是大力投资研发来降低产品成本，从而发起攻击竞争对手降低价格。

（2）侧翼进攻。

它指的是集中优势兵力攻击对手的弱点，有时可以采用"转移"战略，伪装攻击方面，实际的攻击方回来。这可以分为两类：第一是地理侧面攻击，也就是说，寻找薄弱环节在整个国家或整个世界，在这些领域和发动袭击。另一种是夹击市场，领导者寻找尚未服务过的子市场，并迅速填补这些市场的空白。侧面是符合现代市场营销概念，找到需要和试图满足它。侧面也是最有效和经济的战略形式，比正面攻击有更多成功的机会。

例如，当宝丽来相机进入中国市场时，我与一家营销策划公司讨论了宝丽来的市场机会，发现与普通相机相比，宝丽来有很多独特的产品：快速、简单、私人化、防伪。但宝丽来是什么，真的比普通相机吗？速度或简单而言，今天的普通相机已经开发出高度智能的"垃圾桶"，可以开发电影在20分钟。隐私而言，普通相机的电影常常必须发送到专业商店的发展，这是一个真正的障碍不方便发表的一些照片。宝丽来的一次性形象的特点避免这样的尴尬，并能对主人忠实地保守秘密。然而，相机也有这个函数。宝丽来最终选择了不可伪造的功能，瞄准了摄影市场。事实证明，宝丽来的拍摄路线是正确的，因为单是不可靠性是其他任何摄影设备无法比。

（3）包围进攻。

包围攻击是一个全面的和大规模的攻击策略，可当挑战者比对手更好的资源，相信完成控制计划足以击败对手。日本精工手表公司，例如，已成功地在每一个主要市场和销售手表有惊讶的竞争者和消费者广泛和不断变化的设计。公司提供约400款畅销手表，在美国市场及其营销的目标是全球生产和销售约2300手表。竞争对手公司的副总裁在美国羡慕地说，"通过时尚精工手表实现其目标，功能，用户偏好，和任何可以鼓励消费者"。

（4）迂回进攻。

这是最间接的攻击策略，这是完全避免敌人的现有头寸和攻击在一个迂回的方式。具体办法有三种：1）发展无关的产品，执行产品多元化。2）现有产品进入市场的新地区和实施市场多元化。3）开发新的技术和产品来取代现有的产品。

例如，"防止骨质疏松症"的旗帜下，安怡闯入中国奶粉市场（主要是在上海），满足消费者的独特需求和其产品的绝对优势（高钙脱脂牛奶），从而成为市场第一品牌的高钙脱脂牛奶。面对气候变化已成为易，然后进入市场的康宁高钙脱脂牛奶是另一个高钙牛奶，其中补充不取决于有多少牛奶喝，但是一定要有多少钙。克宁独有的金色维生素D能帮助身体更充分地吸收牛奶中的钙。康宁高钙脱脂奶粉，为您锁钙、保钙。"在另一条开放的河流路径上，在撞击之后，相反的方向似乎是领先的。

（5）游击进攻。

这种策略主要适用于规模较小、实力较弱的企业。游击队袭击的目的是与小破坏对手的士气，断断续续的攻击为了占领一个永久的立足之地。由于小企业无法发起正面攻击或一个有效的侧面攻击，只有发动游击促销或价格攻势的某些角落规模更大的竞争对手的市场力量可以逐渐削弱。然而，它不能被认为游击战争只适合小型企业金融资源不足。还应该指出的是，如果敌人被打败，是不可能实现的目标仅靠游击战，需要更强大的攻势。

3. 市场跟随者

美国管理专家李维特曾写道："产品模仿有时和产品创新一样有益。"因为一个新产品的开发需要大量的投资才能取得成功并在市场上取得领先地位，而其他从事该产品模仿或改进的企业，虽然不能替代市场领导者，但由于不需要大量的投资，可以获得较高的利润率，甚至可能超过整个行业的平均水平。

研究发现，日本模仿者更快和更有效率。例如，宝洁成功地推出了其最新配方，伯特洗发水，在20世纪80年代。洗发水和护发素，没有模仿者在美国四年，进入日本市场，在六个月内有两个竞争品牌（日本花王和联合利华的西方父母没有回应迅速在美国）。市场的追随者与挑战者号不同。它不攻击市场领导者，试图取代他。但这并不意味着市场追随者没有战略。每一个市场追随者必须知道如何保持现有客户和赢得一定数量的新客户。必须寻找一些特定的造福他们的目标市场，如地质、服务、融资等。还必须努力降低成本，维持高质量产品和服务。

（1）紧密跟随。

这种策略在每个子市场和营销组合中都占主导地位。追随者有时似乎是一个挑战者，但只要它不从根本上侵占主导地位不可能有直接的冲突，和一些甚至被视为寄生虫靠捡起主导地位的残余。

（2）距离跟随。

这追随者遵循领导者在主要方面，如目标市场、产品创新、价格水平和分销渠道，但仍然保留着一些不同的领袖。这样的追随者可以通过收购小型企业成长。

（3）选择跟随。

这样的粉丝追随领导者在某些方面和独立行动。也就是说，不盲从，而是遵循根据最好的。虽然之后，它也给发挥自己的创意，但不参与直接竞争。其中的一些追随者可能发展成为挑战者。

4. 市场补缺者

所谓的市场补充指企业精心提供一些小的一部分市场，但不与大企业竞争，并通过专门的管理占据有利的市场地位。在选择市场基点，多个基点可以降低风险和增加保险系数比单一的基点。因此，企业通常会选择两个或两个以上的缺点，以确保企业的生存和发展，弥补缺陷和主要策略是专业营销。具体地说，它是在市场、客户、产品或渠道和专业化的其他方面（参见表3-6）

表 3-6　市场补缺者的专业化选择方向

专业化方向	特　征	举　例
最终用户	致力于提供某种类型的终端用户	例如，一些中小企业在计算机行业的专注于营销一种特定的用户（如诊所、银行等）。
垂直渠道	专注于分销渠道的某些方面	如铝工厂可以专门生产铝锭，铝产品或铝的部分
顾客规模	专业为一定规模（大、中、小）的客户服务	例如，一些小型企业专门从事小客户服务被大型企业所忽视
特定顾客	只有一个或几个主要的客户服务	例如，一些企业在美国西尔斯专注于提供产品或通用汽车
地理区域	设计为一个地区或地方在中国或国外	
产品或产品线	只生产一种产品	例如，箭牌，一家美国公司，专业生产口香糖
客户订单	专业生产根据客户订单订购产品	
质量和价格	专营制造和销售具有特定质量和价格的商品	如专业生产高质量和高价格产品或低质量、低价格的产品
服务项目	专门提供其他企业没有的一项或多项服务	如美国银行进行贷款业务电话技术，为客户寄钱到门口
分销渠道	专门服务于某种分销渠道	如专业生产适合超市销售，或专门为乘客提供食物

三、营销合作战略

我们强调竞争和竞争优势，但组织优势并不总是通过竞争来实现的。组织间的合作常常给组织带来优势或避免竞争。此外，竞争与合作的概念不是一成不变的和地方性的。组织将在一些市场与其他组织竞争，在另一个市场与其他组织合作，甚至是同时合作与竞争。

（一）营销合作战略的主要类型：战略联盟

1. 定义与特征

战略联盟是一个合作的社区利益建立的两个或两个以上的企业为了实现战略目标。战略联盟是与一般意义上的联盟合作相比，具有不同的意义，必须强调的是企业在与竞争对手的实力相比，在经营要素上具有独特的优势，如产品优势、市场优势、技术优势、管理优势和服务优势，并能利用自身的优势更好地满足消费者的需求。只有有这种独特的比较优势，才能在相互竞争中显示其真正的价值。

战略联盟的建立旨在提高企业的长期竞争优势，派生的业务目标企业的基本任务和方向，然后赢得长期竞争优势。显然，战略联盟的本质是符合企业的长远规划，这是实现企业的长期目标。在这个意义上，战略联盟是不同于传统的合作行动。

营销战略联盟是指合作各方共同制定适合合作伙伴所在地区市场的营销计划，使合作各方在获得当地政府协助的有利条件下,能够比其他潜在竞争对手更积极、更快地占领市场。加入方也可以通过这个联盟,形成新的市场,竞争并不会窒息,因为每一方的力量之间都有差距。

2. 战略联盟的三种主要形式

(1)合资。

合资企业是当两个或更多的公司将他们的一些资产在一起形成一个独立的业务。合资企业尤其有效地建立长期合作关系,成员共享隐性知识。因为它难以言表,只能通过隐性知识和经验。如员工合作的方式和方法的合资企业。信息技术知识是企业竞争优势的重要来源。

在中国,瑞安建业有限公司和企业家唐合资公司名为集团投资水泥行业。随着中国政府西部大开发政策的出台,水泥工业作为基础设施的原材料,面临着前所未有的商机。在董先生的带领下,在瑞安建业的专业指导下,双方共同创办了大型现代化水泥企业。这是一个战略联盟。

总之,相关经验证据表明,当企业需要结合自己的能力和资源,创造新的竞争优势,或当企业需要进入一个不确定的市场,合资企业成为最好的选择。所谓的"1+1>2"是完全相同的原因。

(2)产权战略联盟。

在这种方法中,成员公司投资于不同比例建立一个新的业务,获得新的竞争优势通过资源与能力的结合。这是许多企业海外直接投资的方式,包括许多美国和日本公司在中国。例如,花旗银行与浦发银行战略联盟。根据双方的最初意图,花旗会买浦东发展银行5%的股份。然而,结果是25%的股权。使花旗集团第一个外国银行在中国持有超过20%的股份。花旗集团的投资将使它成为一个在浦东发展银行大股东,是中国第九大银行。产权的战略联盟为花旗银行奠定了良好的基础在中国进入信用卡业务市场。

(3)非产权战略联盟。

非产权战略联盟是指两个或两个以上的可以分享他们独特的资源与能力,实现的目标,提高他们的竞争优势,发展合作关系。在这种类型的战略联盟,企业只有依靠合同没有涉及产权,更不用说新业务实体的诞生。

这种合作可以发生等领域的采购、生产、销售的产品和服务,以及在市场开发等领域和信息共享。因为它不涉及建立新的合资企业或资产的投资,合作企业的承诺和深度相对减少。因此,与房地产战略联盟相比,非房地产战略联盟是不那么正式,更少限制会员企业。非房地产权利联盟的这一特点使它不适合一些复杂的项目,例如,一些项目包括隐性知识转移的成员企业。

然而,目前企业通常采用非房地产权利联盟开展企业间合作,其中包括各种形式的非产权战略联盟,包括许可协议合同,销售合同和供应合同。美国西尔斯罗巴克公司,例如,在 2003 年宣布已达成了一项协议，分享其信用卡业务与花旗集团 30 亿美元的收入。西尔斯公司是为数不多的仍有一个单独的私人信用卡市场的控制权。事实上，大多数公司更愿意与金融机构通过分享他们的品牌非专利联盟。通过处理花旗集团西尔斯能够外包其金融业务，共同运行与花旗银行的信用卡业务。根据服务条款，10 年市场，花旗集团将支付所有相关费用西尔斯零融资计划。西尔斯说，这样每年可以节省 2 亿多美元。

一般来说，外包所有权以外的联盟。外包是一个购买活动，利用其他企业获得有价值的中间体来支持活动。

此外，根据不同的发展程度和区域合作的参与者，战略联盟可分为互补类型和妥协的类型。第一，大多数互补联盟补充和相互合作在技术设计、加工和营销服务为了应对全球竞争。主要动机是分担产品开发和生产的成本投资。第二，快速而有效地获得目标市场国家的营销和分销网络。接收联盟的一般特征是发达地区的合作伙伴向欠发达地区的合作伙伴转让各种技术和经营方法，而欠发达地区的合作伙伴则向对方开放某一部分市场，或者支付技术转让、人员培训等费用。

3. 战略联盟的管理

所有可能的问题的相关战略联盟管理的错误，忽略其内部管理因素或环境因素，或忽略了联盟的各个环节的控制。有效管理战略联盟是企业根据管理目标的需要，综合分析和研究外部环境因素、企业自身的资源条件和目标，权衡利弊，选择最佳战略为组织形式和管理体系，确保战略联盟的合理运作，充分实现双方经济利益的最优控制过程。

如果一个企业想要实现联盟的有效管理，必须进行全面、全过程管理的战略联盟。所谓的综合管理战略联盟不仅是管理的核心要素（如经济效益和风险描述）通过双方订立合同，但是也全面协调和控制外部元素（如组织结构、知识产权、企业文化，等等）。

具体来说，全面、战略联盟管理的整个过程应该包括以下几点：

（1）战略联盟必须基于双方的需要。战略联盟是一种合作关系的两个或两个以上的企业相互补充和发展在共同的战略目标。因此，公司需要充分研究合资企业的可行性，即企业，在寻找理想的合作伙伴时，首先要分析该企业的资源、生产能力和市场潜力，评估现有企业的优势，在此基础上，了解广泛的合作伙伴战略，使双方在短期和长期目标上始终如一。

（2）建立适当的组织。组织结构是企业的内部连接保持战略联盟的完整性。组织系统工会的所有元素及其相互关系作为一个整体系统，统一和有机结合，是决定了整个联盟的效率。

（3）保护联盟各方的资产。形成战略联盟后，各方应投资资本、技术、人力和其他生产要素，从而导致合作伙伴之间共享的技术资产的问题。在早期阶段的联盟，决策者必须分析每一方的技术资产的性质，区分异或专业技术和通用技术与其他技术提供商。专有权的元素（专利、注册商标）可以通过法律手段一般来说，独特的生产技术、工程技术和材料处理技术,可以相互交换的方法,转移部分的实现。例如,在这个过程中与外国公司建立战略联盟,啤酒没有指定的所有权的注册商标专用权的合资企业。工商局发现时,立即提醒企业申请商标许可,从而避免企业无形资产的流失。

(4)有效的战略联盟的协调和管理。有些学者认为,战略联盟的管理不同于一个合资企业,合资企业和一个良好的管理系统,战略联盟不设任何形式的管理系统,每个链接的过程中策略的限制实现基础是由市场力量。由于战略联盟合作企业之间实现发展的一种形式,它将不可避免地涉及如何协调的管理问题,这些问题主要包括:谁将运行该财团?联邦管理的利润和损失如何分享?如何组织和管理合资企业管理所需的人员?战略联盟的风险操作被确认了吗?

(5)交流文化之间的差异,建立新的企业文化。商业行为是文化环境的一部分,商业行为是社会的文化的一部分。无知的外国商业行为和缺乏情感在世界贸易和移民是一个主要的禁忌成功的国际营销活动构成了严重威胁。因此,全面了解企业文化,管理情况和双方的操作模式将帮助过他们之间的文化差异。一般来说,一旦形成战略联盟,企业需要做出大幅调整内部企业文化形成一种新的文化氛围。因为原来的双方的企业文化可能不适合整个联盟的要求,如果没有新的文化环境中的战略联盟,管理概念的冲突是不可避免的。

(6)开发多维联盟合作。多边联盟的形式可以减少危机造成的任何两党联盟的瓦解,并更好地利用多个企业的综合优势比一个联盟,以优化技术水平和扩大市场。

(二)营销合作战略的重要类型:并购战略

1. 合并与收购战略含义

合并和收购战略也称为并购战略。目前,并购策略是越来越受欢迎的在其他国家和世界各地的经济区域。事实上,40-50%的并购近年来国际(即收购方和收购方的总部位于不同的国家/地区)。

并购战略的实施只能基于能够增加公司的经济价值获取和利用其他公司的资产。但事实证明,公司并购并不总是得到他们想要的东西。一些研究结果表明,在一般情况下,收购公司的股东倾向于获得高于平均水平的投资回报,而实现公司的股东往往蒙受损失,特别是收购后的利润回报通常是接近于零。近三分之二的合并、收购公司的股价使只要目的是宣布。这负面的市场反应被认为是由于"投资者"普遍怀疑合并公司的能力来维持最初的业务的价值和获得新公司的整合优。

合并的区别、合并和收购:当两家公司整合企业合并在一个相对平等的基础上,通常与资源和优势,给他们一个竞争优势比如果他们独立成长。真正的合并是罕见的,因为一方往往占主导地位。戴姆勒克莱斯勒被称为"对等合并",因为克莱斯勒的经理坚持交易只能通过合并,尽管戴姆勒在汽车制造业的主导地位。

并购意味着一个公司将被纳入其战略投资组合通过购买另一个公司的部分或全部的股份,以便更有效的利用其核心竞争力。通常情况下,获得的管理公司将负责并报告的相应管理部门合并后的公司。大多数并购是友好或友好，而并购包括敌意收购。

收购也是一种并购，但目标公司通常不主动与买家达成了交易协议。收购通常是伴随着贸易战争。

2. 实施并购的原因

（1）增强市场力量。

这是企业实施并购战略的主要原因。市场力量通常是来自企业和资源与能力的大小必须在市场上竞争。许多公司可能有核心竞争力，但他们并不足以充分利用自己的资源和能力，这使得它难以形成市场力量。因此，收购竞争对手、供应商、分销商或企业高度相关的产业可以实现更强大的市场力量，以进一步巩固原有行业的核心竞争力，获得竞争优势。获得市场力量的目标之一就是成为市场领导者。（例如，俄罗斯尤科斯石油公司）和西伯利亚石油公司（西伯利亚），2003年合并成为世界第四大石油生产公司，合并在某种程度上，提高了公司的市场力量，合并后的公司与埃克森美孚埃克森美孚、英国石油公司、壳牌和其他"超级巨人"。

（2）跨越市场障碍。

市场准入障碍指的是业务活动的市场或企业现有的市场，这将带来困难或增加的入口成本新公司想进入这个市场。面对市场进入壁垒或差异化的产品市场，新进入者可能会发现它更有效快速进入市场，采用现有的企业并购市场，而不是进入市场挑战者为消费者提供他们不熟悉的产品或品牌。事实上，在一个行业进入壁垒越高，概率就越大，新进入者将会采用这样的合并策略来克服进入壁垒。尽管并购可以是昂贵的，它允许快速接管市场新进入者。

（3）降低新产品开发成本和加快进入市场的速度。

开发新产品内部和通过自己的努力将新产品投入市场往往需要很多的公司的资源，包括时间，因为新产品通常很难在短期内产生投资回报。和大多数业务经理关心在资本投资回报率为了未来开发和商业化的产品。据估计，大约88%的新产品失败最终受益的公司。一个原因是，大约60%的创新产品被竞争对手复制在四年内的专利保护。由于上述因素，经营者通常认为新产品开发和技术创新是一个高风险的活动。通过这种方式，通过企业并购将成为快捷方式来推出新产品。广泛的交易和并购频繁在高科技领域。

（4）适应产品多元化的需要。

是相对容易的公司在市场上推出新产品通过现有的企业。相反，它是相对困难的公司开发一种新产品，是不熟悉的，这是明显不同于原来的产品。因此，企业往往不推出新产品，实现产品多样化的目的。相反，企业往往选择并购战略发展多元化业务。例如，德里奇从19世纪80年代中期的轮胎制造商，经过40多次收购，成了全球领先的航空轮胎制造商。

（5）重构企业的竞争力范围。

行业内的竞争程度是影响企业利润的重要因素。为了减少激烈的行业竞争的影响对公司的财务状况，企业将采取并购策略来减少依赖单一产品或市场。这减少依赖一个单一产品或市场将会改变企业的竞争范围的原始蓝图。通用电气已经逐渐转移其注意力，从电力市场部门通过收购在金融市场部门。通用电气现在是一个服务公司，作为服务取代工业产品。

（6）发展新的能力。

通过收购公司，他们可以获得功能不可用，如技术能力。研究表明，并购可以扩大知识基础，减少惯性。因此，收购企业可以获得不同于以往的技术和能力，学习更新知识，保持灵活性。当然，如果这些能力类似于该公司，该公司将能够更好地学习这些能力。因此，为了建立自己的知识基础，公司应该寻求收购对象不同于本身和互补的相关性。思科的早期收购的主要目标之一是获得能够快速适应网络设备。思科已经建立了一个复杂的程序快速将收购与思科的能力。

3. 并购的主要方式

（1）横向并购。

横向并购是指企业并购的行为与竞争对手在同一行业。横向并购增强企业市场实力的途径包括两种不同的协同效应，即降低成本和增加销售。研究表明，水平并购的效果要好得多的公司类似于原公司比公司不同于原来的公司。这些类似的特征主要包括：战略目标、管理模式和资源分配。这种相似性可以平滑的两家公司之间的联系。两家公司合并后的资产，横向兼并是非常有效的过剩资本和资产后不会弥补新合并的公司的核心竞争力。

（2）纵向并购。

纵向并购是指一个企业获得分销商的行为的一个或更多的产品和服务为了尽快整合资源，实现企业的目标。通过纵向并购，企业可以实现垂直整合的业务范围的目的，控制价值链中的其他重要链接。在1880年代末，索尼公司收购哥伦比亚电影公司的纵向合并，结合索尼的硬件与哥伦比亚的电影内容。索尼的其他收购，如CBS的网站硬件的发展记录，哥伦比亚广播公司旗下的一个唱片公司，有更多垂直并购奠定了基础。品牌扩张和类似的电子转移到数字硬件要求媒体公司寻找新的方式来推销他们的产品给客户。

（3）相关并购。

企业并购是高度相关的行业。IBP被泰森食品、收购一个美国家禽和肉类加工有近四分之一的鸡市场，导致猪肉牛肉市场，排名第二。大部分的销售额来自增值产品，如面包屑，泡菜或微波食品餐。秦森还希望使用它在公司的牛肉和猪肉企业获得利润的新来源。然而，由于很难获得合并后的协同效应，往往很难评估相关的并购。

（4）杠杆并购。

杠杆并购（LBO）是重组策略，旨在纠正管理误解因为经理常常做出决定在他们自己的利益而非股东的利益。杠杆收购是一个重组的策略中，一方买进一家公司的资产以私人名义。一旦完成交易，不再公开交易的股票。

通常，创建大量债务融资杠杆并购。公司的新主人通常会出售或准备出售其部分资产立即偿还债务，并缩小其排名，以便管理人员可以专注于核心业务。这不是常见的与杠杆收购公司和重组它在五到八年盈利。

管理合并和收购（MBO），员工并购（EBO）和企业并购三个杠杆并购的方式。在这些方面，由于管理并购比员工激励经理并购和企业并购作为一个整体，采用这种方法将使该公司收缩战线，专注于核心的产业战略，以提高企业绩效。研究表明，并购的管理者更有可能导致企业行为和企业的发展。

第四章　市场营销的战略管理

第一节　市场进入管理

一、市场调研组织与管理

为了让顾客满意的商品和服务质量在最大的程度上，公司需要各种各样的信息，为了比竞争对手更好地满足市场需求，赢得竞争优势，获得合理的利润。因此，公司必须进行市场调研，广泛收集市场信息，对市场需求和产品的销售前景做出合理的预测，制定积极有效的营销策略。

（一）制订市场调研计划

1. 制订市场调研计划的步骤

（1）明确调查目的和内容。每次调查应有特定的目的与相应的内容。

（2）确定调查技术。这包括调查对象和调查地点的选择，样品的数量和取样方法的决心。调查对象的选择是根据产品的类型和他们的分销渠道。选择具有代表性的区域制造商进行调查；样品的数量，考虑适应性和可行性方面的，例如，如果人口普查方法可以采用在市场调查中，结果将是最准确的。然而，人口普查法只适用于小型母体的市场调查。抽样方法适合大型矩阵的调查。因此，大多数市场调查使用抽样。

（3）调查程序及日程安排。调查过程一般是建立在市场调查，根据调查范围的大小，时间有长有短，但一般是一个月左右。的基本原则是：第一，确保调查的准确性和真实性，不要吝啬。第二，尽快完成调查，以确保及时性和节省成本。

一般情况，调查过程安排如下：

第一周准备（确认计划建议书，进行二手资料的收集，了解行情，设计问卷）；

第二周试调查（修改、确定问卷）；

第三周具体实施调查；

第四周进行数据处理；

第五周撰写报告，结束调查。

（4）调查方法。主要有面谈调查。

（5）质量控制措施。

（6）经费预算。一般包括：资料收集、复印费；问卷设计、印刷费；实地调查劳务费；数据输入、统计劳务费；计算机数据处理费；报告撰稿费；打印装订费；组织管理费等。

2. 市场调研计划书的内容及写法

市场研究项目的设计通常是反映在一个商业计划。简单地说，一个市场调查计划主要包括调查名称、调查目的、调查范围和目标、调查方法、调查日期和调查预算。一个详细的计划还包括结果报告的结构、名称、出处，使用商业信息的摘要。

（二）确定调查项目

市场研究的第一步是识别项目，也就是说，识别问题的范围和内容。营销经理必须了解调查。有必要了解需要解决的问题是通过市场调研，并准确地通报市场研究的殡仪员的问题。然而，这不是一件容易的事情，经理可能知道的东西是错误的，但不知道为什么。

调查项目必须符合以下要求：

1. 调查项目是切实可行的，可以使用具体的调查方法进行调查；
2. 调查可以在很短的时间内完成。调查花费的时间太长，经济效益变得毫无意义；
3. 能够获取目标信息，并能够基于这些信息的解决提出的问题。

（三）市场调研的主要内容

1. 市场容量。市场可拥有的最大金额和企业可拥有的比例。
2. 需求特点。这包括产品（如质量要求、产品特性，类型的规范，等等）、价格（价格客户可以接受），促销活动（购买信息的来源，影响购买的方式和可能的促销方法）和销售（主要销售渠道）。
3. 主要竞争对手和潜在的竞争对手。主要包括主要竞争产品品牌，输出；有竞争力的企业实力；核心竞争者；企业将生产或打算生产类似的产品，可能的替代产品和生产企业。
4. 目标顾客。研究，以确定公司的目标客户的产品，确定哪些类型的客户最有可能接受和购买公司的产品。
5. 市场环境。如经济环境、人口环境、技术环境、自然环境、政治和法律环境以及社会和文化环境。预测未来市场的发展趋势，找出影响市场发展的主要因素，分析可能的市场机会和不利条件。

上述调查结果将会被整理和分析，以确定产品在市场上的地位，确定主要的优势和劣势，进行市场细分，确定目标市场，并提出了企业应采取的营销策略和建议。

（四）实地调查与质量控制

1. 调查员的选派

调查人员通常从大学生选择或由营销和销售人员，同时举行一些全职，但对于一个好的业余侦探，公司当然是乐意继续聘用。调查人员通常是单位支付。

一名精干的调查员，应具备以下素质：

(1)有会话技巧让你感兴趣的话题,并允许他或她畅所欲言;

(2)具有创造力和想象力;

(3)有一个好的理解的问题,可以激励(但不是诱导)被采访者说他或她想说什么;

(4)具有发现被访问者的习惯与隐藏在态度背后的动机的能力;

(5)根据试点调查获得的数据(试验调查),可以正确地解释调查的要点和问题;

(6)对该项调查具有充分的经验和知识。

2. 试调查

问卷设计的质量如何,需要以试调查来检验。

审判的形式调查通常是小规模的问卷调查,用来检查意想不到的问卷的设计缺陷。自我修改和与客户讨论后,可以确定正式的问卷。

实验调查的另一个意义是,它可以用来培训缺乏经验的调查人员,这样他们就可以有一个初步的准备(包括心理)实际调查工作和有一个熟悉的过程。

3. 质量控制

质量控制的措施一般有如下几条:

(1)抽查某一调查区域的抽样和调查情况,询问受访者,了解调查员的调查情况;

(2)检验调查完毕的问卷是否完整,有无遗漏,可否补救;

(3)定期,定期召开会议了解调查过程中遇到的问题,讨论解决方案,和负责的人来了解调查的进展情况,给予指导。

(五)资料的收集、整理与分析

1. 资料的收集与整理

市场研究数据可以分为两类:一是信息通过实际的市场研究和调查的企业和客户,也就是第一手资料;另一类是文学,也称为二次信息,主要收集信息关于产品和市场从公共出版物、报纸、杂志、政府和相关行业。这些材料的整理和分析有助于了解整个市场的宏观信息和市场的整体状况。

实际的市场调研工作的一般结论比较研究结合上述两种类型的数据。过程中都是不可或缺的市场调查和互补。

2. 实际调查数据处理

(1)校检。问卷收回来确定是否可接受的有效信息。这个过程包括三个部分:检查所有问卷的完整性;验证访问的质量;验证有效问卷的数量是否满足要求的研究项目。

由于缺乏信息,如果省略了太多的条目,或关键项目是省略了太多,可以无效;也可用时,失踪的项目通常是由一个空白或其他代码名称。模棱两可的回答,根据情况,取消问卷,或参考答案之前和之后的几个问题来判断。

(2)输入。校检后,就可以进行数据输入和统计了。将原始数据输入计算机。

（3）制表。数据输入计算机后一般需用表格或图、线等形式统计并表达出来，便于研究人员的分析。

（4）数据分析。

（5）进行资料分析。有很多方法可以使用。从现有分析方法的角度来看，数据分布广泛的领域。研究人员选择分析方法才能做出正确的分析和调查结果的解释。

（六）完成市场调研报告

调查报告是整个调查工作的总结，包括规划、实施、收集、整理和其他进程。这是调查的劳动和智慧的结晶。这是一种沟通、交流设计通过发现，其他战略建议，结果经理或其他专业角色。因此，有责任的人仔细写调查报告，分析调查结果准确，给调查结论清楚。

一份完整的调查报告应包括如下几部分：

（1）题页。标题页显示的主题报告。这包括客户的组织的名字，市场研究机构的名称，和报告的日期。调查报告的标题应尽可能适当表明调查项目的性质。

（2）目录表。

（3）调查结果和有关建议的概要。这是整个报告的核心，应该简明扼要。这允许决策者得到一个粗略的调查结果从调查和获得更多的信息从调查的主体。

提案的摘要部分包括必要的背景、信息、重要的发现和结论，有时根据读者的需要提出合理化建议。

（4）主体部分。包括整个市场调查的细节，包括调查方法、调查过程、调查结果。调查方法的描述应尽可能明确，所使用的方法和为什么它被选中。

在主体部分中相当一部分内容应是数字、表格以及对这些的解释、分析，要用最准确、恰当的语句对分析做出描述，结构要严谨，推理要有一定的逻辑性。

作为主体，一般需要在调查中澄清不足之处，不要含糊其辞。如果有必要，缺陷影响的程度显然应该分析检验报告的准确性，以提高整个市场的可信度的研究活动。

（5）结论和建议。结论应根据调查结果，总结和面临的优势和困难企业或客户应该提出，应该提出和解决方案/建议。给一个简短的描述建议，以便决策者可以使用本文中的信息来评估的建议。

（6）附件。附件内容包括一些过于复杂和专业的内容。问卷调查、样品列表地址表，地图，计算结果的统计检验，通常附加表、图等内容。每个内容应编号查询。

二、市场细分管理

（一）市场细分与市场驱动战略

市场细分的主要任务包括：市场细分，开发客户价值机会在每一个细分市场，匹配的组织能力有价值的细分市场，选择目标市场和定位。我们将学习上面的工作一个接一个的地位和作用来说明市场细分在营销策略的实现。

1. 市场细分与价值机会

市场细分是指将某一产品市场的买方划分为不同的子市场的过程。买家在同一市场应该有类似的反应到特定的市场定位策略。买家相似性可以专门测量而言，购买的数量和频率，忠诚于某一品牌，产品是如何使用的，和其他指标。因此，细分的过程是一个识别的过程。细分的目的是根据客户的特点将一个市场划分为不同的子市场。分割的先决条件是客户有不同的需求和反应的统一的产品。

通过市场细分，客户提供类似的产品/品牌价值要求特征可以在特定的产品市场。为企业在市场竞争中，目标市场的细分市场可能。同时，细分为企业提供了更好的机会与顾客价值需求匹配他们的产品或功能。为客户提供有价值的产品或服务，而这种价值是消费者追求的吸引力。因此，两者之间的匹配通过细分可以提高客户满意度。

2. 创造新的市场空间

通过市场细分，企业可以发现没有被发现或者没有被竞争者很好的服务的子市场。这是一个机会为公司进入新的价值领域，扩大市场空间。

3. 价值机会与企业能力的匹配

在整个产品范围广泛的市场竞争之下，我们应该更加注重市场细分，如何了解自己的竞争优势，如何寻找新的市场机会。对特定细分市场的研究，将有助于：

（1）使企业的能力更好的方法向客户的价值偏好，从而达到两者之间的有机结合；

（2）在每个细分市场上，与主要的竞争对手相比，本企业的优势和劣势到底是什么。

在一个细分市场，客户价值需求比在一个不分段的市场更容易满足。例如，阿特拉斯航空公司（Atlas Air Inc.）是一个运输公司，外包运往世界各地的航空公司。当它在1992年推出的策略，该公司发现了一种新的需要为客户：这些老飞机被新的所取代，更省油的，几乎一半的货物存储空间消失了。阿特拉斯的客户包括英国航空公司，荷兰皇家航空公司，瑞士航空、瑞典的SAS啊，都有类似的需要可靠和低成本的货物运输从其他公司。阿特拉斯为KLM公司将鞋和鲜花从阿姆斯特丹运到新加坡。

4. 目标市场选择及战略定位

目标市场选择是指细分市场的评估和筛选，可以与企业的匹配能力。无论有多少次市场分割，只有一个子集的客户或组织对业务的吸引力。管理可以选择一个或多个这些市场充分利用优势和专业化的好处。如果企业不采取分割策略，客户群体的选择可能会很随意，这无疑会使企业失去机会评估每个细分市场从金融的角度和竞争优势。细分识别和定位是一个主观选择的过程。运用分割理论时，应该进行一些设计和分析使企业选择一个或几个市场潜力与市场定位。

定位管理的组织活动需要符合每一个目标市场的需求和欲望。包括产品及配套服务、分销系统、定价及促销活动。在定位的过程中，经理施加影响目标客户形成良好形象在顾客心目中的地位。

市场细分是目标市场选择的基础和前提，定位策略。公司采用的分割技术和概念可以给企业一个重要的竞争优势，因为通过细分客户群，客户群体可以积极应对企业的营销努力。阿特拉斯航空公司的情况说明了这一点。

当然，错误的市场细分将减少目标市场选择和定位决策的影响。例如，在2000年通用汽车决定不再生产奥兹莫比尔，美国历史上最古老的汽车品牌。而品牌在一段时间内一直是创新和时尚的象征，汽车未能建立本身作为一个强大的球员长期细分市场，经典卡迪拉克，别克和雪佛兰的广阔的市场，和它的衰落是不可避免的。

（二）进行市场细分

1. 有效市场细分的条件与标准

有很多方法可以细分市场，但并不是所有的都实用。让市场充分发挥作用，必须有以下特点：

（1）可衡量性。可衡量的是规模、购买力和特征的细分市场可以测量。一些细分变量是很难衡量的。例如，美国有2400万名左撇子，几乎整个加拿大的人口。但很少产品旨在左撇子市场。主要问题是，很难找到和测量。没有统计的左撇子，人口普查局没有记录。私人数据公司有大量的人口统计资料，但却与左撇子无关。

（2）可进入性。可访问性是指企业选择进入市场的能力。日本本田公司遵循这一原则在营销其汽车的美国消费者，从而成功地细分市场，选择自己的目标市场。与梅塞德斯等高档轿车相比，奥迪和沃尔沃，本田汽车不仅便宜，而且更先进的足以与竞争对手竞争。然而，本田没有。本田预计在20世纪80年代末和1990年代初，随着二人家庭扩大，年轻消费者将有更多的可支配收入，越来越多的年轻人将进入豪华车市场。与多家公司竞争一个已经被瓜分的市场，也就是长期富有、拥有豪华轿车的中老年消费者的一部分市场，最好是打开一个没有被竞争对手看好的市场，完全属于自己的市场，也就是刚刚富裕起来、即将富裕起来的中青年消费者的市场。

（3）可营利性。盈利能力的大小是指市场选定由企业在市场细分之后，这足以使企业有利可图。这是因为消费者的数量是企业利润的源泉。这里，例如，遭受重大损失在20世纪80年代末，但重组其业务通过市场细分的战略，取得了可观的经济效益。根据研究，只有10%的农民化肥购买决策受价格的影响，其他因素包括先进的技术，对卖方的忠诚和品牌忠诚度也受到了影响。这里根据这些客户的需求开发产品。

（4）稳定性。细分市场必须有良好的稳定性，因此，企业的营销有足够的时间达到良好的结果。如果细分市场变化太快，在某一时刻的客户群将显示一个不同的模式反应几个月后。这么短的时间内企业无法实施市场细分战略。

2. 市场细分的方法

有两种方法可以细分市场：（A）分类客户提供一些描述性信息，然后比较之间的差异客户群以应对营销激励机制；（B）集团客户直接根据客户反应模式的差异（如购买频率），然后定义每个市场根据客户的特点。

方法选择一个或多个特征在细分变量，而这些变量必须客户反应有关，如收入和家庭规模。分组后，详细研究不同客户群体是否同样应对营销激励将决定哪些可以用作市场。方法 B，另一方面，首先将客户提供基本相同的响应差异模式分为一组，然后使用买家的特点构建客户文件，进行市场细分。我们将研究这两种方法显示它们如何适用于细分市场。

（1）顾客群的界定。

产品欲进入市场后，企业决定，管理应利用获得的信息分析结果和市场调查结果，并结合管理层的判断进行市场细分。酒店住宿服务可分为两种类型：商业和家庭旅游，可以进一步细分为个人客户和集团客户市场。一组可能是一个约定，一个公司聚会，或者一个旅行团。例如，万豪庭院酒店连锁（MarrioU's Courtyard hotel chain）就属于中等价格酒店，其目标顾客是经常性的商务旅行者，他们通常是直飞目的地，年龄在 40 岁以上，而且收入相对较高。

当使用客户群进行市场细分，客户的一个或多个特征或组织必须选择作为市场细分的基础。使用这些变量，以及管理者的判断和经验，和支持的统计分析，部分可以构造。建立一个细分市场的目的是找到之间的差异不同的客户群，以应对营销动机。

（2）按反应差异建立顾客群。

另一种方法来选择客户群是基于客户的描述性信息。通过这样的描述性信息，我们可以利用不同的细分客户群体反应，因此市场定义不同。

客户关系管理的普及，为企业提供了一个极好的机会来分析客户行为反应模式的差异及时和详细的方式。通过整合不同类型的客户的交易数据，企业可以建立一个"数据仓库"，这使得企业有可能进行更复杂的分析不同客户群体的不同的反应模式，观察客户生命周期和预测客户的行为。

响应模式差分法的研究焦点是买方的信息行为，这是不同的方法定义客户组，然后细分。例如，信诺的响应模式的不同客户，我们上面分析价格和服务，而不是人口特征，比如年龄。

感知地图分析方法是一个很好的分析方法。它使用消费者研究数据建立买方产品和品牌的认知地图作为一种分析工具。透露的信息感知地图可以帮助制定的目标市场战略和产品在目标市场的定位。

知觉图所示的结果并不难以理解，但感知地图的应用程序需要一些调查技能。尽管这种方法因情境变化很大，以下步骤是必要的：

1）选择要细分的市场；

2）确定市场上的竞争品牌；

3）对从样本人群中收集来的买者对现有品牌（和一个理想品牌）特性的感知数据进行整理；

4）通过数据分析，选择一两个或多个特性维度，每个维度都应当是独立的；

5）绘制特性感知图（包括 X 和 Y 两个维度），说明消费者对竞争对手定位的品牌特性的感知；

6）为顾客设计出类似的理想选择，以考察是否能再进一步对市场进行细分；

7）评估研究结论与分析的数据对应性如何；

8）解释企业目标市场选择和产品定位方面的分析结果。

图 4-1 是一个感知图的例子。每个客户组（I-V）由客户提供样品类似的反应，这意味着同样的理解产品的成本和质量。品牌（A-E）的定位是根据参与调查的顾客的喜好来确定的。如果你是品牌的 C 经理，你能从图 4-1 了解可能的目标市场?V 是一个合理的目标市场的客户群体，客户Ⅲ紧随其后。20 为了更有效地服务于客户群 V，我们可能需要改变这一客户群对 C 品牌的价值认知，提供一个价格略高于客户群 IV 的新品牌，这是企业需要做的另一项工作。当然，实际的调查和分析要复杂得多比图 4-1。我们只是想说分析是什么和如何使用的结果分析。

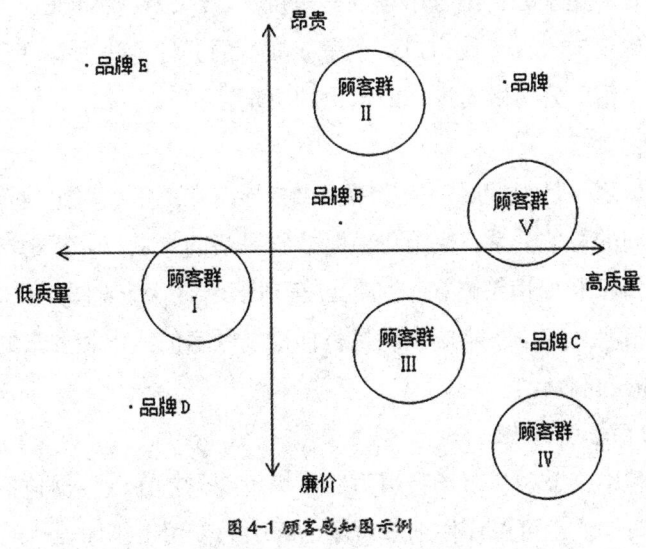

图4-1 顾客感知图示例

3.细分市场吸引力分析

在确定每一个细分市场作为目标市场，每一个细分市场的潜在吸引力需要深入研究。分析包括客户、竞争对手、定位策略、金融和市场吸引力。

（1）顾客分析。

在细分市场的建设，更彻底的理解客户在每一个细分，更科学的细分。客户分析的目的是找出客户的描述性的特点，应密切相关的细分市场的建设。对于某些产品市场，如食品、保健及美容产品和医药市场，标准化的信息是可用的。如果有许多竞争对手的市场，市场规模较大，对于研究而言，它是有利可图的企业，为企业提供数据收集和分析。

客户分析的一个关键问题是确定在这个细分市场顾客满意的程度。正如我们所知，客户满意度取决于比较顾客期望的产品或支持服务什么，他们觉得当使用这些产品或支持服务。研究表明，客户的服务经验可以作为指标来代替客户的期望和与他们的实际感受。

客户满意度的感知性能不仅取决于客户的消费产品和配套服务，但也通过客户在评估性能的标准。客户自己的比较标准可以使产品功能之间的关系（如产品功能公差）和满意度。因为这个标准可能不仅包括读者的期望，但也可能包括竞争产品的性能。更重要的是，这些标准与市场细分将会改变，很难找到一个统一的标准。

（2）竞争对手分析。

市场细分分析也应考虑竞争对手的分析，对现有的或潜在的细分市场产生影响。在一个复杂的市场结构，详细的分析需要确定竞争企业所在区域。应当将重点放在描述和评估竞争企业的优势和劣势。在分析竞争对手时，一些信息是非常有用的，如业务范围和目标、市场定位、目标市场和客户群，定位战略、财务、技术和业务优势，管理经验和能力，以及特殊的竞争优势（如专利），等等。同时，也需要预测未来的变化竞争对手的策略。

价值链分析是有时用于分析细分市场的竞争优势。综合评价特征或竞争强度的一个至关重要的细分市场确定进入者（或出口）竞争。波特的五种竞争力量可以用来确定一段是否有足够的吸引力来帮助公司做出进入或退出的决定。

（3）定位分析。

市场细分的目标之一是为发展定位策略提供指导。在决定如何定位企业（或品牌）或企业和竞争对手之间的竞争关系，决策仍然是非常灵活的。定位分析将指导企业综合利用产品、分销渠道、价格和促销策略在市场定位有利于企业。知觉图（见图4-1）可以帮助指导企业发展定位策略。定位策略应该满足目标市场顾客的需求和要求的基础上的成本可以给组织带来足够的利润。

（4）评估细分市场引力。

市场细分的过程中，金融和市场吸引力的市场也应包括在内。这包括评估的收入、成本和利润贡献计划时期。也可以评估细分市场的吸引力使用市场增长率的预测。

通过财务分析，我们可以获得的信息销售，成本和利润贡献的每一个细分市场。如果企业预计很长一段时间，很难获得准确的预测数据，所以企业一般预估两年或五年。是否评估竞争定位细分市场或对财务指标的预测，它应该是比较的基础上。因为在任何一个细分市场，风险和收益总是手牵手，都必须考虑评估。也就是说，收入和成本的问题，估计应该充分考虑风险和时间价值的收入和支出。

（三）市场细分程序

步骤1：调查阶段

研究人员进行探索性访谈和小组讨论来获取消费者的动机、态度和行为的信息。研究人员然后准备正式问卷收集以下信息：属性及其重要性；品牌意识和品牌评级；产品使用；

对产品的态度；媒体文化变量、心理变量和变量的调查对象。

步骤2：分析阶段

研究人员使用因子分析对数据进行分析，去除高度相关的变量，然后使用聚类分析来识别最多样化的片段。

步骤3：描绘阶段

每组分为根据不同的态度、行为、人文变量、心理变量和媒体形式的消费者。每个细分市场都可以被命名为主要根据不同的特征。例如，在一个娱乐市场的研究，安德里逊和贝克（Andreasen & Belk）划分了六个细分市场：消极的以家庭为生活中心者、活跃的体育爱好者、固执己见的自我满足者、文化活动者、积极的以家庭为生活中心者、社会活动者。他们发现，文化积极分子是订购门票戏剧和交响乐的最佳目标。

因为市场是不断变化的，市场细分必须定期重复的过程。有一段时间，个人电脑市场被分为两个产品属性：速度和力量。因此，个人电脑市场分为两个主要部分（高端和低端用户），但潜在的中间层是忽略的。在1990年代初，当"SOHO"个人电脑市场，或"小型办公室和家庭办公室"开始出现，诸如戴尔和盖特威（Gateway）等邮寄订单公司注意到市场需要一种家庭办公电脑，它的特点是低价格和用户友好。很快，这种电脑的营销者又发现SOHO由更小的细分市场片所组成。戴尔的执行主任接着说，"小办公室与家庭办公室的需要区别也很大。"

发现新的市场领域的一种方法是研究消费者如何选择现有的顺序变量以自己的方式在选择品牌。许多年前，大多数购车者第一选择的厂商的产品部门（强调品牌级别）。例如有个购买者可能喜欢通用汽车公司的汽车，并特别看中了产品系列中的庞迪亚克牌汽车。现在许多买家决定从哪个国家购买汽车。买家可能会决定先买日本车；然后第二选择，比如购买丰田；接下来是第三层选择，比如购买丰田karuda。企业必须密切关注潜在的商品属性和水平的变化不断调整他们根据消费者的优先事项。

属性的层次也可以用来细分客户市场。首先选择价格的是价格意识；那些选择模型第一（跑车、轿车、旅游汽车）注意模型；买家先选择一个汽车品牌的品牌价值。我们可以进一步将客户分为模型/价格/品牌类型和组织成一个细分市场的秩序。顾客价值分类质量/服务/车辆类型到另一个细分市场。人类的心理和媒体变量每个细分市场的不同。

三、目标市场选择与确定

（一）确定目标市场

所谓的细分市场的目标市场是指企业整个市场细分成多市场根据消费者的某些相似特征，并确定一个或几个企业以适当的产品或服务满足根据自己的条件。选择正确的目标市场是最重要的挑战之一，营销人员和管理人员。针对商业用户的个人电脑是戴尔的关键原因之一已经能够获得竞争优势。戴尔公司首选的目标市场是：

1.《财富》500强企业;

2.《财富》排名501~2000名的跨国公司;

3.拥有200~2000名员工的中型企业。

目标市场确定决策包括:

1.辨别和分析产品市场上的目标市场;

2.确定哪个或哪些细分市场为目标;

3.为每个目标设计和实施定位。

由于购买者的需求和愿望变得日益差异化,许多公司采用了某一类型的市场细分。

(二)目标市场选择

目标市场的定义决定了一个组织将有多少客户。经理可以选择一个或几个细分市场或目标的追求高强度产品市场。每个特定营销努力(定位策略)服务目标市场由经理决定。百事公司,例如,拥有一个饮料的品牌组合,目标是大多数产品市场。有些目标市场是如此之大,人们可以买不止一个百事可乐的产品。因此,该公司的目标市场策略是市场细分的指导下,它涉及不同的品牌、价格、分销和促销计划。年轻人是 MoimtdnDew 的首选目标。市场细分是基于指标等需求,动机和人口。

目标市场确定的方法主要分为两种类型:市场细分的市场目标和产品差异化来确定市场目标。如图4-2所示,针对细分市场的方法包括针对一个细分市场,直到针对全部或大部分的细分市场。美国航空公司的空中旅行使用广泛的目标市场的方法,就像通用汽车(general motors)有不同的汽车品牌和风格。选择性的目标是欧特克的一个例子,这是计算机辅助世纪软件系列的设计师。虽然喜好各有不同,很难确定细分市场时,企业可以通过产品专业化或多元化服务买家。产品专业化包括为买家提供不同于竞争对手的产品和竞争对手的产品不能满足客户的需求和欲望。先锋集团提供了一个广泛的多元化共同基金投资者,而不是针对特定投资者对这个细分市场。

虽然先锋满足各种客户多元化定位的基础上,在大多数情况下,该集团仍然满足客户投资需求的一小部分。

(三)影响目标市场选择的主要因素

经理需要决定是否组织产品市场定位在一个细分市场,有选择地在几个细分市场,或全部或大部分的细分市场。

影响目标市场确定的因素包括:

1.产品市场成熟的程度;

2.偏好多样化程度;

3.产业结构;

4.能力与资源;

5.取得竞争优势的机会。

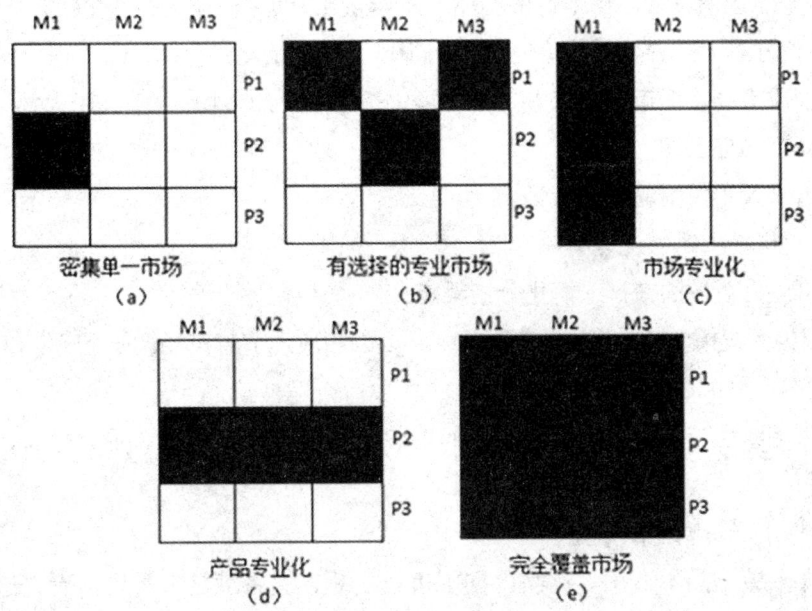

图4-2　目标市场选择的5种模式

(四)目标市场涵盖战略

企业可以选择合适的目标市场涵盖战略根据他们的实际情况。主要有三种类型：非差异化营销策略、差异化营销策略和集约化营销策略。

1. 无差异化目标市场营销战略。

无差别市场策略，也称为整体市场策略，就是企业把整个市场作为自己的目标市场。企业采用这一战略认为，消费者有共同需求的产品或服务，他们只发布一个产品，一个一个价格和供应市场营销组合方法，试图吸引尽可能多的消费者（如图4-3所示）。

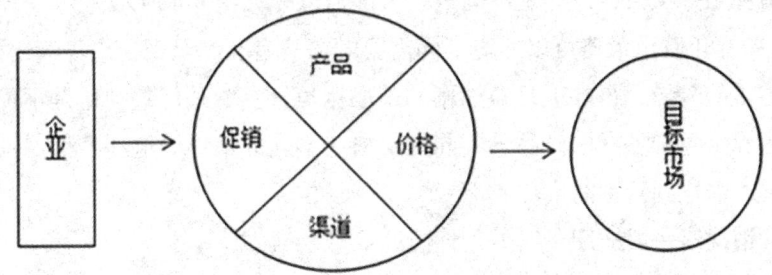

图4-3　无差异性市场营销策略

无差异营销战略关注的共同方面消费者的需求，而不是他们之间的分歧，和设计一个有吸引力的营销计划，旨在达到最大数量的潜在客户。根据这一市场营销，企业的目标应是整个市场或最大的细分市场提供单一产品。

企业采用无差异化营销战略也可以使用产品差异化策略，也就是说，为一些产品和服务提供在质量上稍有不同，特点等方面，所以，消费者有一些选择。这些企业专注于产品的质量，希望能让消费者相信他们的产品是高质量比其他企业通过大规模的促销活动。所以，他们有偏好。无差异营销战略一般适用于以下几种情况：

（1）同质市场。即市场需求差异小，可以忽略不计的市场；

（2）新产品导入期；

（3）需求大于供给的卖方市场。

无差异性市场战略的优点有三：

（1）可以大规模的销售，简化分销渠道；

（2）因为大规模销售，不需要细分市场，可以相应地节省市场调研，广告和其他费用，降低平均成本；

（3）对垄断性、吸引力大的产品，如旅游产品一旦创出牌子，取得信誉，可以长期占领市场。

无差异性市场策略的缺点是：

（1）大多数产品不适用。产品占据了市场之后，它将满足大量模仿者，这将形成一个巨大的市场竞争，而小的细分市场的需求不能被满足，尤其是在市场，消费者的需求是多样化的，单一市场的策略是不容易吸引消费者。

（2）消费者的社会经济情况、个人兴趣以及生活方式不断发生变化，对需求呈现多样化的特点。

2. 差异化目标市场营销战略

差异化市场策略指的是企业的总体市场细分根据消费者的不同需求的特点。为每个细分市场设计不同的产品和不同的营销手段是用来满足每个市场的特定需求。例如，旅游市场分为观光、度假、会议、体育和其他不同的领域。旅游市场可以分为不同内容的丝绸之路，农田生活和其他旅游市场。企业根据不同市场的需求特点，设计不同的旅游路线，不同的服务设施和服务项目，以满足不同消费者的需求（如图4-4所示）。

很明显，差异化营销策略可以适应不同需要的消费者和满足现代市场营销概念的要求。由于消费者需求的差异，再加上日益加剧的市场竞争，企业采用差异化是不可避免的。也就是说，企业提供各种各样的产品，不同的价格，不同的销售渠道和各种促销手段满足不同的目标市场，以达到营销的成功。

差异化营销战略一般适用于以下几种情况：

（1）规模大、资金雄厚的企业或集团；

（2）竞争激烈的市场；

（3）产品成熟阶段。

差异性市场战略的优点在于：

（1）实施差异化的市场战略是市场竞争的产物。现代企业实施差异化的市场战略。

毫无疑问，多样性可以更好地适应消费者的需求，增加总销售额。

（2）如果一个企业已经在几个细分市场的优势同时，它将大大提高消费者对企业的信任，扩大其声誉，提高经济效益。

（3）差异化市场策略的实现，企业提供不同的产品和服务，以满足不同市场的需求，在激烈的竞争市场环境下必然会有一个竞争优势。

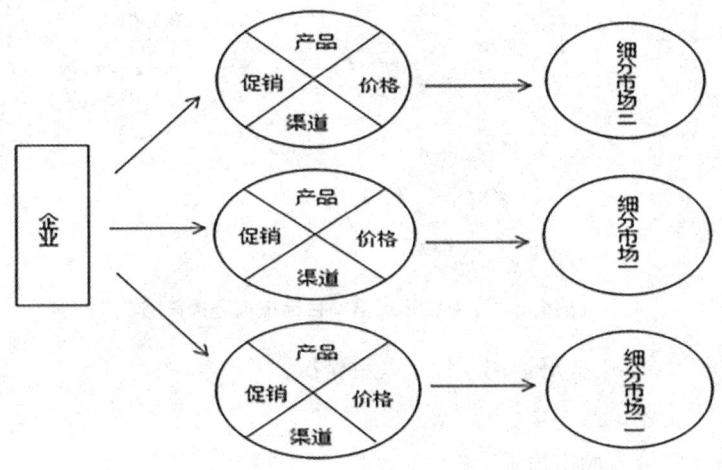

图4-4　差异性目标市场营销策略

差异性市场战略的缺点是：

（1）对于产品使用上的差异，必然会导致企业产品种类的增加，导致研发资金的增加，对多种渠道和销售方式的要求，广告宣传媒介的多样化，由于形势的蔓延，营销费用和管理费用的增加，不可避免地导致成本和投资的增加；

（2）实行差异性，由于产品品种多、数量少，对于大批量销售要受到一定限制，在一种产品经营中难以实现规模经济效益；

（3）由于投资大、成本高、经营范围广，给企业管理带来困难。

3. 集中性目标市场营销战略

集中的目标营销策略被称为密集的营销策略在一些教科书，有些人称之为"产品市场集中度"战略。在市场细分的基础上，企业选择一个或几个细分市场作为其目标市场，然后集中所有企业的能源服务市场营销组合手段。这种策略通常是由中小企业追求与有限的资源。很难在较大的市场竞争，因此寻找渗透在较小的部分。这样，更容易在一个特定的市场有很高的市场份额，在竞争，获得有利的地位，获得更高的经济效益（如图4-5所示）。

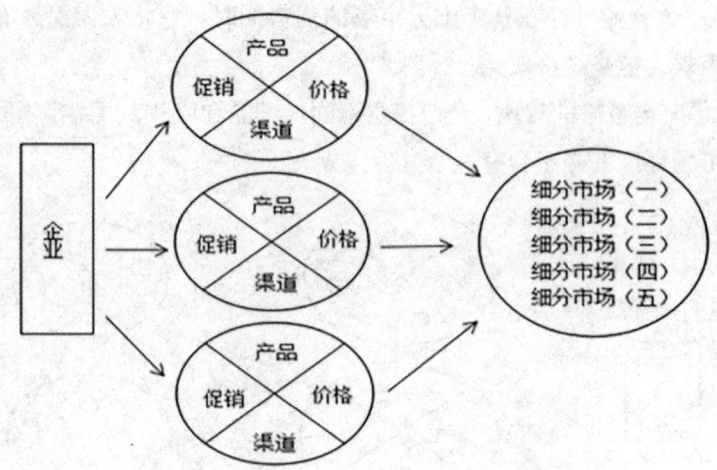

图4-5 密集性市场营销目标市场选择策略

集中性目标市场营销战略适用于以下几种情况：

（1）中小型企业；

（2）竞争比较激烈的市场。

这一市场战略的优点在于：

有助于企业经营项目专业化。由于专业化，可以降低成本，也大大减少了营销费用。

有利于在某个或某些特定的市场扩大市场占有率。因为目标市场集中，所以能深入了解市场需求，集中优势，建立稳固的市场地位。

（3）有利于企业创建名牌。提高资源的利用率。

（4）资源有限的中、小企业采用这一战略，能够在特定市场上与大型企业进行有力的竞争。

这种策略的缺点是操作的企业有更大的风险。因为市场面狭窄，一旦需求发生变化，企业很容易在一个被动的局面。

四、市场定位管理

（一）市场定位的实质

随着市场经济的发展，有许多品种相同的产品在同一市场。企业为了使自己生产或销售的产品获得稳定的销售，从各方面为产品培养一定的特色，树立一定的市场形象，以形成一个特殊的偏好在顾客心目中的地位，这是市场定位。

市场定位的本质是获取竞争优势的目标市场，确定适当的产品在顾客心目中的地位，留下深刻的印象，以便吸引更多的顾客。因此，市场定位是营销策略体系的一个重要组成部分。具有重要意义，建立企业和产品的特色，满足客户的需求和偏好，从而提高企业的竞争力。

（二）市场定位方法选择

一个产品有一个很好的定位，必须依靠一个好的定位方法。各种定位方法的目的是寻求产品在某些方面的特色优势，使特色优势有效地向目标市场。常用的产品定位方法有：

（1）根据产品属性和利益取向，产品本身属性和从中获得的好处可以让消费者感受到它的方向。大众的"奢侈品"，丰田的"经济"，沃尔沃的"持久"。在某些情况下，一个新产品应该强调一个属性。和这种属性通常是不考虑竞争对手，这种定位方法是容易的效果。

（2）产品价格和质量定位。对于那些消费者关注产品的质量和价格，质量和价格定位的选择也是一个好方法来突出企业的形象。根据这一方法，企业可以采用"高品质、高价格"的定位和"高质量、低价格"定位。在"彩色电视战争"，"空调战争"如火如荼的同时，海尔一直坚持不降低价格，保持更高的价格，这是"高品质、高价格"典型的性能。

（3）据产品用途定位。例如，"金喉宝"用于保护声音，"调心心康"用于治疗心脏病。找到一个新老产品的使用是一个很好的方法来创建一个利基产品。尼龙的军事用途为民用目的是一个最好的例子。

（4）据使用者定位。企业常常试图直接某些产品合适的用户或一个特定的市场，以创建一个适当的图像特点的基础上，市场。如果各种品牌的香水，它是针对每个不同的分市场，一些香水是定位在精炼，富有，时尚女人；目前，也有年轻人和积极的生活方式。

（5）据产品档次定位。产品等级包括低品位，品位和高质量，企业可以选择根据他们的实际情况。例如，著名的丹东钟表业公司发现的潜在需求高端市场通过市场的调查和分析当大多数国内企业争夺低端手表市场。因此，企业大胆技术研究，果断率先生产高档手表、拳头产品"孔雀"表成功推入市场，和高档质量的独特形象赢得国内消费者的青睐。

（6）据竞争地位定位。产品可以放置在不同的属性或利益直接相关的竞争。例如，无铅皮蛋被归类为无铅，间接暗示普通皮蛋含有铅，这是不利于消费者的健康。这种定位方法的关键是找出企业的优势，如高度的技术可靠性、方便、快速的售后服务，和其他因素吸引目标客户，以尽一切努力来突出自己的形象在竞争对手。

（7）多重因素定位。这种方式是将产品定位在几个层次上，或者依据多重因素对产品进行定位，这样的产品可以使消费者觉得产品有很多功能，有多个功能或效率。例如，一些知名品牌饮料适合天然原料（质量定位），喝酒和吃（目的定位）。他们是适合儿童，青少年和成人（用户定位）和其他集成方法进行产品定位。通过这种方式，产品本身是需要有足够的内容，及其"整体"正是其竞争优势，不能通过其他竞争对手。否则，由于太多的产品功能描述，产品的形象将被稀释，使产品显得过于普通，而不是对消费者的吸引力，所以很难留下深刻的印象。

(三)市场定位战略选择

选择合适的定位战略对企业的战略发展有着重要的影响。主要考虑以下几种方式:

(1)初次定位。初始定位指的是新成立的企业进入市场,企业的新产品进入市场,或产品进入新市场,企业必须从头开始,使用所有的营销组合,产品特点确定目标市场的选择。然而,当企业想要进入目标市场,它通常出现在市场上的竞争对手的产品或形成一定的市场模式。此时,企业应该认真研究的位置同样的产品在目标市场的竞争对手,确定企业产品的有利位置。

(2)重新定位。重新定位意味着企业改变产品特性,改变了原来的目标客户的印象,所以目标客户有一个新产品的新形象的理解。为企业重新定义以适应市场环境,调整营销策略是必不可少的:企业产品在市场上的定位即使是合适的,但在以下情况下重新定位时也需要考虑:一是市场竞争对手在该企业产品附近投放位置,侵犯了市场部分的企业品牌,使企业品牌的市场份额下降;第二是消费者偏好的变化,从企业某个品牌的偏好的偏好某些品牌的竞争对手。

重新定位之前,企业仍然需要考虑两个主要因素:一是总成本的转移从一个市场到另一个品牌定位;第二,企业的收入来设置其品牌在新的位置取决于市场买家和竞争对手的情况,而且取决于销售高价市场可以设置。

(3)对峙定位。对峙定位意味着企业选择市场地位接近或共存与现有竞争对手争夺同样的顾客很少有差异的产品,价格,分销,促销和其他方面。例如,可口可乐和百事可乐,娃哈哈和乐天,耐克(Nike)和阿迪达斯(adidas)、联想和创始人。

(4)回避定位。避免定位意味着企业可以避免直接对抗与竞争对手的目标市场,确定其位置的"空点"市场,开发和销售一些特殊的产品,没有在当前的市场,并开发新的市场领域。此外,市场定位的方法包括:基于属性和利益定位,基于价格和质量定位,定位使用的基础上,基于用户定位,定位基于产品品位,定位竞争态势的基础上,根据各种组合方法和定位。

第二节 产品管理

一、产品管理的内容和职责

(一)产品管理的职责

1. 产品管理

产品管理职责包括特定产品的管理和协调。这些活动包括市场分析,确定目标市场,发展定位策略、性能分析和战略调整,确定新产品,管理和协调产品/品牌营销活动。为特定的产品或品牌营销计划通常在这个水平。一般来说，产品经理没有权力进行所有产品管理活动；然而他们负有产品责任。这些管理者是他们产品的拥护者和担保人。他们与经理协商代表产品销售、研发、运营、市场调查和广告。

2. 产品小组或营销管理

公司生产几个产品或品牌产品/品牌经理的职责分配给产品主管，团队经理或市场经理。这些人协调活动和批准的推荐产品或品牌经理。产品团队经理的职责是相似的性质和范围的产品/品牌经理。此外，产品团队经理协调产品管理活动和决策管理的战略经营单位。

3. 产品组合管理

产品责任通常由 CEO 或承担高级管理团队的战略经营单位或公司的水平。投资组合管理决策包括收购产品，优先级的研发、新产品决策和资源分配。对项目组合性能的评估是这个责任级别的核心。在一个组织与两个或两个以上的战略业务单位，高级管理层协调战略业务单位的管理和建立产品管理的指导方针。

20 世纪 90 年代中期，许多公司重新评估了产品管理的传统方法。在快速改变的消费品市场，这种变化非常显著，如下所述：

（1）联合利华的英国肥皂事业部和爱里达·吉布斯（Elida Gibbs）的个人产品部取消了市场营销主管职位。

（2）营销和销售部门合并并且致力于消费者的研究和产品开发。

（3）建立跨品牌的客户发展团队来与零售商共同协作。

发生了类似的变化在其他公司，整合销售，营销和其他功能交叉功能团队。波士顿公司的一项研究发现，90% 的受访企业重组他们的营销部门。传统的基于产品，组织可能会越来越多地采用品牌化客户和市场更有效地实施以客户为中心的战略方法。

（二）产品组合管理方法与技巧

1. 产品组合、产品线和产品项目

大多数企业不生产一个产品，但有各种各样的产品，如何安排这些产品作为一个整体是产品结构来解决这个问题。产品组合是指质量组合的比例和数量在不同类型的产品生产和经营的企业。产品组合包括所有产品线和产品项目。产品线是指一组密切相关的产品技术和结构和有相同的功能，但不同的规格满足同样的需求。例如，雅芳化妆品公司的产品线包括化妆品、珠宝和家居用品。

产品项目是指特定产品的品种、规格、质量和价格的产品系列。许多企业有许多产品项目。雅芳化妆品，有超过 1300 种产品，而通用电气有 25 万个产品项目。

2. 产品组合宽度、长度、深度和关联性

产品组合的广度是指不同产品线的企业数量；投资组合的长度是指产品的不同规格的数量在每个产品线；投资组合的平均数量的深度产品生产线上的项目。产品组合的相关性是指每个产品线的企业密切相关的最终用途，生产条件、分销渠道等方面。

更广泛的产品组合，产品企业；相反，宽度窄。少产品系列。尤其是产品组合时间越长，企业产品规格品种越多；相反，深度浅，产品更少。较浅的深度和狭义的产品组合的宽度，产品组合的相关性就越大；否则，相关性很小。

宽度、长度、深度和关联性的产品组合有一个对企业的营销活动产生巨大的影响。一般来说，增加产品组合的宽度，也就是增加产品线，扩大业务范围，可以使企业获得新的发展机遇，充分利用企业的各种资源，和分散企业的投资风险。增加产品组合的长度和深度将使每个产品线有更多的规格、型号和设计的产品，更好地满足消费者的不同需要和爱好，并提高产业的竞争力；增加产品组合的相关性可以充分发挥企业的资源优势在他们的领域的专业知识。

避免可能出现的商业风险进入一个陌生的行业。因此，产品组合决策是由企业决定的宽度、长度、深度和关联性的产品根据市场需求、竞争形势和企业自身的能力。

3. 产品组合的分析方法

产品组合的情况直接关系到企业的利益，因此，企业必须不断优化产品结构。为了优化产品结构，使每一个产品线和线下产品项目取得良好的效益，企业应该做出系统的分析和评价当前产品组合。主要的方法来分析和评估产品组合包括：产品线的销售额和利润分析方法和产品项目市场定位分析方法。

（1）产品项目分析法。

品线上的每一个产品品种对总销售额和利润所做的贡献是不同的。图4-6显示了一条拥有5个产品项目的产品线以及各产品的销售与盈利情况。

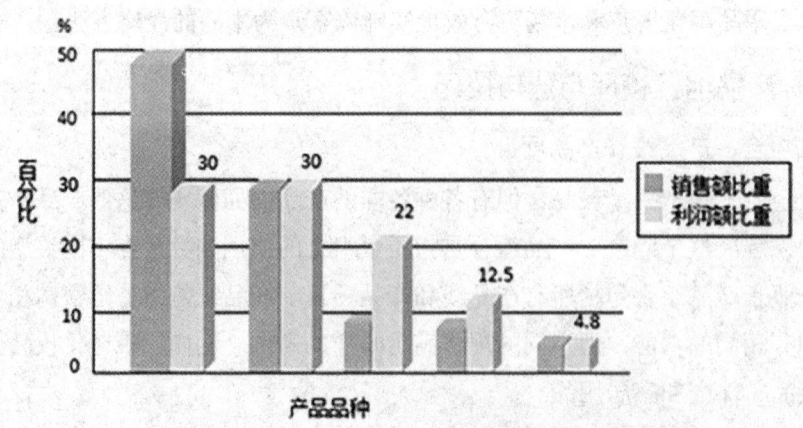

图4-6 产品品种对产品线总销售额和利润的贡献

二、产品绩效管理

一个公司可能有一个产品，生产线，或产品线的组合。评估产品的性能可以帮助指导新产品的策略，改进产品，淘汰的产品。

（一）产品绩效跟踪步骤

1. 确定绩效目标

评估现有产品需要跟踪产品的性能组合，如图 4-7 所示。经理需要设置性能目标和可接受的最低水平的性能的测量性能。性能目标包括财务指标和非财务指标。例如，座位利用率等指标，收入和运营成本是重要的在评估商业航空公司航线的性能。在产品、需求和成本本质上是相关的，因此有必要将每个产品的销售和成本来展示产品的性能。为此，基于活动的成本核算、成本分析的概念和方法是非常有用的。

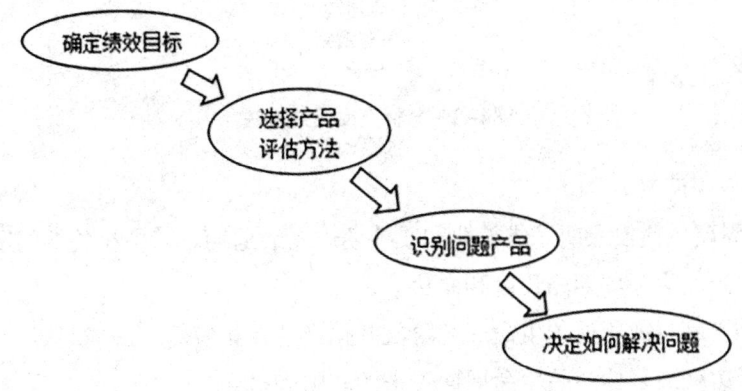

图4-7　产品绩效跟踪

2. 选择产品评估方法

产品性能跟踪的下一步是选择一个或多个产品性能评价方法。使用这些方法的结果分析应该识别问题的产品和产品的性能超过或符合预期。信息产生的分析也有助于管理思考如何解决生产问题。性能分析服务的一个例子是美国航空公司使用的收益管理系统评估和管理线的性能。每条线路（例如洛杉矶 - 西雅图）都是线路系统或网络中的一个单元。基于性能、需求预测、竞争和其他战略考虑，航空公司决定扩展，减少或终止服务整个线。管理原则的基础上，分析确定哪些每个航班的座位是为公司盈利，哪些座位增加公司的费用基于一组路线。美国航空公司开创了这个系统，整个行业已经认识到其独特的收益管理能力。复杂的计算机模型基于经验数据和管理科学和技术支持分析师的分析。

（二）产品组合绩效分析方法

图 4-8 中列出了分析产品绩效的一些有效方法。

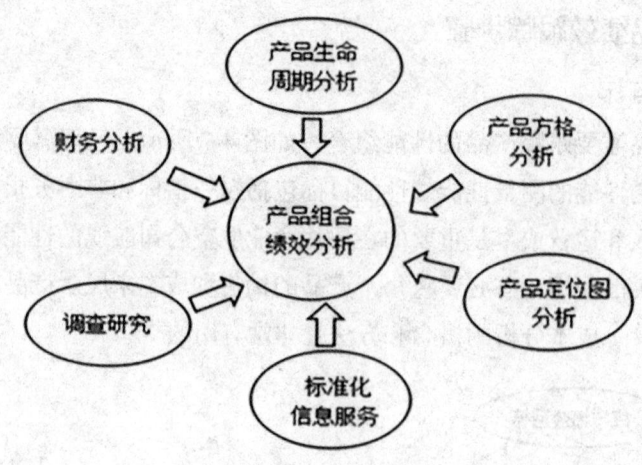

图4-8 分析产品绩效方法

1. 产品生命周期分析

产品生命周期包括投入期、成长期和成熟期以及衰退期。其中相关的问题包括：

（1）决定产品生命周期的长度和变化率；

（2）识别产品目前所处的生命周期阶段并据此选择相应的产品战略；

（3）预计改变或延伸产品生命周期带来的威胁和机会。

由于新技术的出现，买家偏好快速变化和竞争加剧，很多产品的生命周期变得越来越短。不同的产品有不同的生命周期。服装风格在时尚界可能只有一个赛季，而商用飞机可以继续生产好几年之后首次介绍。为了适应不断变化的环境的营销策略，重要的是要确定产品生命周期的变化率。

有不同战略阶段的产品生命周期，这就要求企业改变营销策略的重点根据产品生命周期的变化。在第一阶段，营销策略的目标是建立一个品牌在市场上通过品牌推广活动等广告。组织在产品成长阶段，加强品牌营销活动。在产品成熟阶段，企业可以调整大小、颜色和包装的产品重新定位产品来吸引不同的细分市场。产品的特点，在经济衰退期间应该改变。在产品生命周期定位分析中，分析是很有用的增长率，销售趋势，产品发布时间，竞争强度，价格策略，竞争对手进入/退出信息。与产品生命周期的其他阶段相比，确定产品从增长到成熟的时间更为困难。分析产业结构和竞争将有助于评估当一个产品是成熟的。

2. 产品方格分析

产品电网分析决定每个产品是否符合设定的最低性能标准管理和评估产品的优点和缺点在产品与其他产品相比。产品的比较分析可以进行双向协调网格组成的两个指标：市场吸引力和竞争优势。这些方块可以突出产品之间的差异。都乐食品公司。例如，该公司管理层已将其在超市的分销能力提高了一倍，以争夺潜在的70亿美元花卉市场。在市场识别中具有吸引力和竞争优势的产品组合中，综合分析影响业绩的因素也是有用的，包括利润贡献度、进入壁垒、销售波动、资本利用度、销售、促销和服务水平对价格变化的影响、技术因素（成熟度、流动性、复杂性）、替代的生产方式和工艺流程以及环境因素等等。

3. 产品（品牌）定位分析

感知地图是比较品牌的有用工具。公司构建认知地图测量样品的买家来获取他们的偏好信息的一组竞争品牌或公司。该分析使用不同的产品属性，总结了导致偏好图。

竞争产品定位图分析方法提供了有用的指导。这种分析方法可以揭示不同品牌和可能的购买者的偏好选择组织重新定位的品牌。偏好地图的分析也揭示了开发新产品的机会。这种潜在的机会存在于买家的喜好，不满足于现有的品牌。连续定位的研究可以测量的影响重新定位策略。

三、新产品开发与扩散管理

从产品生命周期理论我们可以看到，世界上没有产品能够永远畅销，迟早会被市场淘汰。作为产品的生产者和经营者，企业不能简单地依靠现有产品开发，但必须适应市场的变化和发展适合市场的新产品。新产品的开发是满足新需求的物质基础，改善消费结构，提高人民的生活水平。这也是体现一个企业的活力和竞争力。

（一）新产品开发过程管理

从市场营销的角度来看，所谓的新产品是指产品在结构发生了变化，功能，使用或形式与旧的介绍了产品和市场，以满足新客户的需求。它包括四种类型的新产品，替代产品，改进产品和模仿产品。此外，一个企业将其现有产品进入一个新的市场，重新定位在市场上的产品，或生产的产品具有相同的性能，降低成本，也可以称之为市场或企业的新产品。新产品的开发通常是启动上述产品的组合，而不是单一产品的变化。

1. 新产品开发方式

在现代市场中，如果一个企业想要获得新产品，但这并不意味着企业必须独立完成整个过程从生产新产品的想法。除了开发自己的产品外，公司还可以获得新产品通过购买专利，营业执照，联合行动，甚至直接购买新产品下架。

（1）获取现成的新产品。

1）联合经营。如果一个小型企业发展一个有吸引力的新产品，另一个大公司可以通过一家合资公司共同管理产品。这样，小企业可以扩大产品的影响，提高自己的声望的帮助大公司的充裕的资本和销售力量，与此同时，他们可以恢复开发成本并获得令人满意的利润。大公司可以节省所有开发新产品的成本。一些大公可以直接购买小企业获得正确的操作新产品。

2）购买专利。公司可以通过购买获得新产品专利权从研究部门，开发公司或其他企业，这是非常重要的在复杂多变的现代市场。

3）经营特许。特许经营业务购买一个新产品从另一个业务。例如，许多公司在世界各地纷纷购买美国可口可乐公司的特许经营权。

4）外包生产。一般来说，当一个企业的销售能力超过其生产能力，也无法生产产品本身，也觉得不划算的生产产品本身，它将把新产品的生产外包给其他企业。期权可以分为全外包、外包和部分自制两部分。前者，如汽车公司对所有零部件的生产小型企业，自己只加工组装；后者是更常见的在服装行业。

（2）自己开发。

1）独立研制开发。企业通过自己的研究开发力量来完成产品的构思、设计和生产工作。

2）协约开发。雇佣一个独立的研究和开发组织或业务开发自己的产品。前者与后者相比，能有效地控制产品，包括产品设计、质量、品牌等，甚至在某种程度上决定了价格。后一种方法可以克服企业缺乏技术力量。

2. 新产品开发过程

不同的行业有不同的生产条件和产品项目，新产品开发的具体过程也不同。然而，企业新产品开发的过程通常是由八个阶段，即寻求思想、识别思想、形成产品概念、发展营销策略、业务分析、产品开发、市场试用营销和大众营销。

（1）寻求创意。

新产品开发过程开始寻找的想法。创造力是开发新产品的想法。虽然不是所有的思想或想法都可以变成产品，寻求尽可能多的想法可以提供更多的机会来开发新产品。因此，现代企业高度重视创造力的发展。新思想的主要来源有：客户、科学家、竞争对手、公司销售人员和经销商、高级管理、市场研究公司、广告公司等。

此外，企业还可以从大学，寻求有用的新产品创意咨询公司，协会在同一行业，相关的报纸和媒体。一般来说，企业应主要依靠内部的热情寻求思想。这需要建立各种奖励制度来奖励员工想出的想法，和高管应该表现出足够的关注和关心此类活动。

（2）甄别创意。

在获得足够多的想法，我们应该评估和研究这些想法的可行性，并选择那些具有较强的可行性。这是观念的认同。想法筛查的目的是清除的想法不可行或可行的，因此，该公司的有限的资源专注于想法，有一个好的成功的机会。确定创意时，应该考虑两个因素：一是创意是否符合企业的战略目标，这是体现在以下方面：利润目标，销售目标，销售增长目标，形象目标等。二是企业是否有足够的能力开发这种创造力，表现为资本的能力，技术能力、人力资源、销售能力。

（3）形成产品概念。

产品创意筛选后保留进一步发展成产品概念。在这里，应该清楚产品创意、产品概念和产品上图。所谓的产品创新是指一个企业能够提供可能的产品市场从自己的角度。所谓的产品概念是指详细描述的想法从消费者的角度来看。产品形象的具体形象形成的消费者对实际或潜在的产品。企业必须开发产品创意到产品概念根据消费者的需求。在确定最好的产品概念和产品市场定位和品牌，产品概念应该被测试。产品概念测试的过程呈现一组目标客户的产品概念的话，图片或实物，观察他们的反应。

（4）制定市场营销策略。

形成产品概念之后，需要制定市场营销策略，企业随有关人员要拟定一个将新产品投放市场的初步的市场营销策略报告书。报告书由三个部分组成：

1）描述目标市场的规模、结构、行为，新产品在目标市场上的定位，头几年的销售额、市场占有率、利润目标等。

2）简述新产品的计划价格、分销策略以及第一年市场营销预算。

3）阐述计划长期（一般3~5年）销售额和目标利润以及不同时间的市场营销组合等。

（5）商业分析。

第五阶段的新产品开发流程是业务分析。在这个阶段，公司的营销经理评论估计未来的销售，成本和利润的新产品是否符合公司的目标。如果是这样，可以进行新产品开发。评估销售时，特别注意三个购买：第一次购买，更新采购和回购。

（6）产品研制。

如果产品概念通过业务分析、研发与工程部门可以把产品概念变成一个产品试生产。应该清楚在这个阶段是产品概念是否可以变成了技术上和商业上可行的产品。如果不是，所有的钱都被浪费了，除了一些有用的副产品，在整个生产过程中获得的信息。一旦准备好了原型，它必须经过一系列严格的功能调试和消费者测试。

（7）市场试销。

如果高管感到满意新产品开发实验的结果，他们开始尝试一个品牌名称、包装和初步营销计划装扮的新产品并把它放在真正的消费阶段。这是第七阶段的新产品开发。目的是为了了解消费者和经销商的实际情况操作，不得不再买新的产品和市场的大小，然后采取适当的对策。市场试验规模决定了两个方面：一是投资成本和风险；二是市场测试成本和时间。投资成本越高，风险越高，试验规模越大。相反，新产品较低的投资成本和风险可以测试规模较小。在市场测试成本和时间上，市场测试成本越高，新产品所需时间越长，市场测试规模应该越小。相反，它可以更大。然而，总的来说，市场测试成本不应太大比例的总投资开发新产品。

（8）批量上市。

在这个阶段，高级管理层应该做以下决定：何时推出新产品；在哪里推出新产品；向谁介绍新产品；如何推出新产品。只有当这些问题得到解决，可以在批量上市的企业实现其目标。

（二）新产品扩散过程管理

所谓的新产品扩散是指新产品的过程中被越来越多的消费者随着时间的流逝。也就是说，逐步扩大新产品的过程启动后，其潜在市场。

1. 新产品的采用者

新产品的扩散过程是逐步被消费者接受新产品。在这个过程中，一些消费者接受新产品更慢，而另一些则更快接受新产品。我们分类成创新采用者，早期采用者，早期采用者，晚期采用者落后采用者。

2. 新产品扩散过程管理

新产品扩散过程管理是指一系列的活动，企业采取措施，使新产品扩散过程符合既定的营销目标。为什么企业可以管理扩散过程是扩散过程不仅受到外部不可控因素的影响（例如竞争者行为、消费行为、经济情况，等等），但也受到企业营销活动（产品质量、人员推广、广告水平、价格策略，等等）。企业扩散管理的目标主要有：

（1）介绍期销售额迅速起飞；

（2）成长期销售额快速增长；

（3）成熟期产品渗透最大化；

（4）尽可能维持一定水平的销售额。

然而，实际的新产品扩散过程是不同的。根据产品生命周期曲线，典型的产品扩散模式通常是缓慢的销售增长在初始阶段，低增长率的增长阶段，销量开始下降后不久产品进入成熟阶段。为了实现产品扩散的管理目标，企业的市场营销管理部门需要采取一些措施和策略。

第三节　价格管理

一、制订初始价格策略流程

价格决定是最难确定的可控因素。为了促进销售，获得利润，企业往往不仅需要考虑成本补偿，而且消费者的接受价格，和竞争对手的威胁。

企业的价格制定是一项很复杂的工作，须考虑多方面的因素，采取一系列措施。一般来说，企业的价格制定决策包括六个步骤；

（1）明确定价目标；

（2）测定需求弹性；

（3）估算成本费用；

（4）分析竞争状况；

（5）选择定价方法；

（6）核定最佳价格。

（一）明确定价目标

1. 维持企业生存

当企业遇到生产力过剩，产品积压，激烈的竞争和消费者的需求变化，他们倾向于维持企业的生存作为他们定价的主要目标。规避企业必须采取低价格，借助较大的价格折扣，保本价，甚至低于成本价销售产品，为了迅速收回成本，维护企业，努力开发新产品，重生存价值目标，毕竟只是企业在 SOP 中所处的恶劣环境，一旦企业转型，企业应以其他目标为主要定价。

2. 市场份额领先

市场份额是龙头企业通常采用的定价目标的追求。更高的市场份额可以保证企业产品的销售，促进企业把握消费者需求的变化，并促进企业形成了控制市场和价格的能力。最大的市场份额，企业将拥有最低的成本和最高的长期利润。为了获得领先的市场份额，企业需要设置一个尽可能低的价格和销售广泛。

3. 产品质量领先

一些企业可以追求领先的产品质量作为定价目标。因此，企业需要树立一个高价格，以确保产品质量和弥补高昂的研发成本。青岛海尔集团是一个很好的例子。它建立了海尔冰箱的形象与高质量和优质的服务提供。相应的结果是，海尔冰箱可以溢价定价高于普通冰箱，和产品仍然供不应求。

4. 当期利润最大化

许多企业想设定一个价格可以达到最大利润。然而，追求企业利润最大化定价不等于最高的价格。一般来说，价格越高，需求越低；需求越小，单位产品成本就越高；因此影响了利润最大化的实现。价格越低，需求就越高；需求越大，单位产品成本越低；但因为单位产品利润也低，它可能无法实现当前的利润最大化。因此，当前的利润最大化通常取决于需求和销售规模由合理的价格。经济学家们已经开发出一个简单的模型计算价格需要当前利润最大化。这个模型假定企业已经知道其产品的需求函数和成本函数。需求函数描述价格与需求之间的关系。成本函数描述了销售量和成本之间的关系。由于利润总额等于总收入减去总成本、价格和利润总额之间的二元函数关系可以通过使用需求函数和成本函数。

5. 企业形象最佳化

良好的企业形象是企业的无形资产。企业形象好，可以获得消费者的长期信任，获得良好的长期效益。企业瞄准定价通过优化他们的企业形象应注意价格之间的一致性和企业的整体定位和目标市场客户的需求。例如，一些企业的产品都是好的质量和低的价格，虽然一些企业以高品位、高质量而闻名。与此同时，企业定价也应该考虑中间商的利益，维护企业的形象在中间人，以获得他们的合作与支持。此外，企业应重视企业的形象在公众定价，并遵循社会和职业道德。

（二）测定需求弹性

1. 价格弹性对企业的价值

业务经理必须知道会发生什么变化的需求价格。在正常情况下，市场需求波动的价格走势相反的方向跑去。当价格上升时，市场需求下降；当价格下降，市场需求将会增加。

因为价格会影响市场需求，企业设定的价格将会影响企业的销售的产品，从而影响企业的总体目标的实现。业务经理可以使用需求弹性来了解市场需求对价格变化做出响应。当价格变化和市场需求几乎没有变化，我们假设需求是无弹性的。价格变化，市场需求的变化，我们认为需求是有弹性的。

需求弹性是指因价格变动而引起需求相应变动的比率，反映需求变动对价格变动的敏感程度。用公式表示如下：

需求弹性 = 需求变动的百分比 / 价格变动的百分比

企业定价中考虑需求弹性的意义在于，不同的产品有不同的需求弹性。从需求弹性的角度来决定企业的价格决策可以分为三种类型。为了比较的需求弹性的大小，我们只考虑的需求弹性的绝对值。

需求弹性等于 1。表明价格变化会导致相反的方向变化的需求的比例。如果一个产品的价格提高了 2%，对该产品的需求减少了 2%。在这种情况下，企业的总销售收入不变，和价格变化对销售收入的影响不大。没有实际意义的使用价格变化来促进销售，增加利润。因此，更多的应该考虑成本的影响，竞争对手价格决策时和其他因素。

需求弹性大于 1。它表明价格的变化会导致需求向相反的方向变化。如果一个产品的价格提高了 2%，对该产品的需求减少了 10%。在这种情况下，该公司的总销售收入下降很多。企业定价，应通过低，小利润增加利润。

需求弹性小于 1。它表明，价格的变化只会引起需求的很小程度的反向变化。如果一个产品的价格增长了 2%，对该产品的需求仅减少了 1%。在这种情况下，该公司的总销售收入增加。企业定价时，可以设置一个更高的价格，从而达到增加利润的目的。

由此可见，需求弹性的绝对值越小，即需求越缺乏弹性，企业提价的可能性就越大。

2. 价格弹性的影响因素

需求弹性的强弱主要取决于以下影响因素：

（1）商品的需要程度。需求弹性与商品的需要程度成反比。

（2）商品的替代性。需求弹性与商品的替代性成正比。

（3）商品的供求状况。商品供不应求时，需求弹性较弱。商品供过于求时，需求弹性较强。

（4）买主的购买习惯。拥有品牌忠诚市场的商品，需求弹性较弱。不拥有专一品牌忠诚者的商品的需求弹性较强。

（5）买主的购买心理。如果买主认为产品质量有所提高，或者认为存在通货膨胀，价格提高也能接受，这时需求弹性就弱。又如实行奇数定价也能扩大销售，这时需求弹性则较强。

（三）估算成本费用

没有企业可以设置价格。产品的最高价格取决于市场需求，最低价格取决于产品的成本。从长远来看，任何产品都必须出售价格高于其成本。只有通过这种方式，可以销售收入来抵消生产成本和经营费用，否则它不能继续操作。因此，企业必须估计成本制定价格。

企业的成本包括两种：

（1）固定成本，成本不改变企业的生产和销售收入在很短的时间内，包括厂房和设备的折旧，租金、利息、高级管理人员的工资等。这个成本发生当业务开始，即使它不是开始。

（2）可变成本，直接作为企业的产品产量和销售收入变化和改变的成本，包括原材料成本、工资等等，企业不投产，可变成本应该等于零。企业管理人员应该调查和研究成本如何变化与生产水平的变化和把握规律性变化的成本。

（四）选择定价方法

在确定的需求弹性，估算成本和竞争情况分析，是时候选择定价方法。由于价格是主要由三个因素影响和限制，即成本、市场需求和竞争，各种定价方法可以分为三种类型：成本为重定价法、需求导向定价法和竞争导向定价法。

1.成本导向定价法

成本导向定价法以产品成本作为定价的基本依据，具体形式主要有成本加成定价法和目标利润定价法。

（1）成本加成定价法。

它是指按照单位成本加上一定百分比的加成来制定产品销售价格的定价方法。零售企业普遍采用成本加成定价法。

在这种定价方法中，加成率的确定是定价的关键。加成率的计算又有两种方式：倒扣率和顺加率。

倒扣率 =（售价 – 进价）/ 售价 ×100%

顺加率 =（售价 – 进价）/ 进价 ×100%

利用倒扣率和顺加率来计算销售价格的公式分别为：

产品售价 = 进价 /（1– 倒扣率）

产品售价 = 进价 ×（1+ 顺加率）

在零售企业中，百货商店、杂货店一般采用倒扣率来制定产品售价，而蔬菜、水果商店则采用顺加率来制定产品售价。

标记的确定应考虑到对大宗商品的需求弹性和企业的预期利润。在实践中,相同的行业往往会形成一个标记率被大多数企业所接受。例如,一些美国商品的反向推理速度是:相机28%,4%的书籍,服装41%,装饰珠宝46%,和50%的帽子。

成本加成定价方法具有计算简单的特点,操作简单,在正常情况下,价格根据这一方法可以使企业获得预期的利润。同时,如果同一行业的所有企业都采用这种定价方法,其价格往往会趋于一致,从而避免价格竞争,而忽视了市场需求和竞争条件的影响,缺乏灵活性,难以适应市场竞争的变化情况。

(2)目标利润定价法。

它指的是生产产品价格的方法根据收支平衡点的总成本,预期利润和销量估计。价格由使用目标利润定价法可以带来利润的企业。通用汽车使用目标定价,一辆车的价格在15%+20%的投资。目标利润定价依赖收支平衡点的概念。

假设:Q_0保本销售量;P_0表示价格,C表示单位变动成本,F表示固定成本,则保本销售量可用公式表示为:

$$Q_0 = F/(P_0 - C)$$

销售意识到在这个价格支付费用,所以价格实际上是保本价格;从上面的方程,可以得出结论,该方法可以用来比较和选择企业定价方案在实际定价过程。如果企业想要选择几个价格方案,它只需要估计预期的销量相应价格,比较它与保本销售量下价格。销量低于保本就被消除了。保留的定价方案,具体的选择取决于企业的定价目标。假设企业预期利润为L,预计销售量为Q,则实际价格P的计算公式为:

$$P_0 = (F+L)/Q + C$$

当使用目标利润定价法,企业应考虑各种因素的影响的估计销量和预期利润的决心,这样的价格是更可行的。

2. 需求导向定价法

需求导向定价法方法是基于买方产品价值的认知和需求强度。其具体形式主要是认知价值定价法和强度需求定价法。

(1)认知价值定价法。

这是一个为公司制定价格基于产品的感知价值给买方。它是一种新的定价方法,伴随着现代营销理念。

在制定价格时,企业应该考虑的评价由买方产品的价值。买家购买时总是比较和识别商品。商品价值的不同理解会导致不同的价格限制。如果价格在这个限制,买方会成功的。因此,企业要做好产品的市场定位,突出产品的特点,综合运用各种营销手段,提高产品的知名度,让消费者觉得购买这些产品可以获得更多的相对利益,从而提高他们接受的价格限制。企业可以制定一个相应的可供出售的价格,然后估计销量,成本和利润情况在这样的价格水平,最后确定实际价格。

认知价值定价的关键是准确地估计买方产品的认知价值。如果估计太高，价格会太高，所以销售将减少；如果估计过低，价格太低，可以卖出更多，但是收入会减少。为了准确把握市场认知价值，我们必须进行市场研究。以下组合的例子，具体掌握市场认知价值的方法。

如果一个公司的定价低于其感知价值，它将有一个高于平均水平的市场份额，因为买家支付的钱将更值钱。这将迫使其他公司更低的价格或提高他们的感知价值。提高认知价值的主要措施包括增加服务项目，提高产品质量和服务质量，实施更有效的宣传和推广。

（2）需求强度定价法。

这是利用需求函数根据市场需求的强弱来制定产品价格的一种方法。

需求函数的数学描述需求法提取需求表，需求曲线和需求。它显示了价格和需求之间的反比关系。有许多不同类型的需求函数，为了简单起见，我们将看线性需求函数。

假设某商品的价格为 P，销售量为 Q，我们可以定出这种商品的线性需求函数的形式如下：Q=a-bp

其中，参数 a>0，b>0，这通常是用计量经济学的方法算出来的。我们可以找出该直线与坐标轴相交的两点（a, o）、（a/b, o），给出线性函数图。

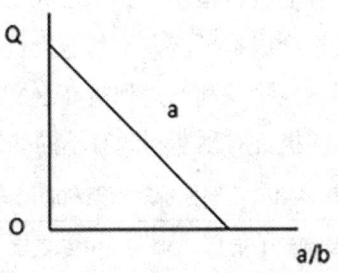

图4-9　线性需求函数

点（0，a）的经济意义是，价格为零时，市场对该商品的绝对饱和需求量为 a_0 点（a/b, 0）的经济意义是销售量为零时的价格为 a/b，此时，商品一点也卖不出去。

在这一需求函数条件下，企业定价的方法是：求出需求函数的反函数，即

$$P=a/b-1/b \cdot Q$$

然后根据企业对市场需求量的调查和统计确定具体的销售价格。

3. 竞争导向定价法

竞争导向定价法以类似产品在市场上的竞争力的价格作为定价的基本依据，并确定和调整价格水平与竞争环境的变化。具体形式主要是基于市场的定价法和投标定价法。

（1）随行就市定价法。

这是指企业按照行业的平均现行价格水平来定价。它是同质产品市场的惯用定价方法。在垄断竞争的市场中，每个公司销售同类产品实际上没有多少选择定价时，可以根据

行业的当前价格的价格。

在寡头竞争的市场，企业也往往设置价格在同一水平上，他们的竞争对手。在这些条件下只有几个大公司的市场，了解彼此和买方熟悉市场状况。如果价格低，买家将转向更便宜的业务。在一般情况下，当需求弹性，是一个寡头垄断利润不能通过提高价格；当需求无弹性，一个寡头垄断不能利润削减价格。

在异质市场，公司有更大的自由来决定其价格，产品差异化使买家不敏感的价格差异。但企业也想确定自己适当的位置相对于竞争对手，做好他们的产品价格定位。

（2）投标定价法。

这是指卖方在买方投标期间，据估计竞争对手的价格的制定有竞争力的价格的定价方法。

采购组织通常把广告在报刊或发送信件，说明购买商品的特定需求，如品种、规格、数量等，并邀请供应商竞标在规定的期限内。这种方法通常是采用建筑工程承包、大型设备制造和政府批量采购。卖方竞争投标，封闭或开放的报价。买方选择最好的根据的原则，高质量和低价格。报价在公共开放时，成功的投标人与买方签订合同。

企业参加投标的目的是赢得竞标，所以它的价格应低于竞争对手的价格。一般来说，你方的报价高，利润大，但获胜的机会很小，如果投标失败，利润为零；相反，低出价，赢得投标机会，但利润低，其机会成本可能大于其他投资方向。因此，报价应该考虑目标利润和中标的概率。最好的提供应预期利润达到最高水平的价格，这里的预期利润是企业目标利润和产品赢得概率。不同报价对预期利润有不同的影响，如表4-1所示。

表4-1 不同报价对预期利润的影响

企业报价（元）	目标利润（元）	中标概率（%）	预期利润（元）
9500	100	81	81
10000	600	36	216
10500	1100	9	99
11000	1600	1	16

由表4-1可知，最佳报价价格是10000元，因为该报价的预期利润最高。

这种方法的主要问题是确定在不同的投标中标的概率水平。这方面需要估计的市场研究和分析过去的投标数据。另一方面，应密切关注竞争对手的投标动态。

（五）核定最佳价格

以上五个步骤后，企业可以制定一个基本价格。然而，当企业选择最终的价格，还必须考虑其他条件，意见和条件，努力把价格最好的水平。

当一个企业选择最后一个价格，它必须首先考虑价格是否已是合法的。价格必须符合相关的国家政策和法律法规，否则将受到法律的制裁。

其次，有必要考虑价格设置是否符合企业的定价政策。许多企业已经明确表示他们定价的形象，价格折扣政策和指导思想的竞争对手的价格。

第三，其他各方的反应提出价格应考虑。分销商和经销商觉得价格如何？是公司的销售人员愿意以这个价格出售或抱怨价格太高了吗？竞争对手将如何应对这个价格？当供应商看到公司的价格，他们会提高价格？

最后，考虑消费者的不同需求。这些不同的需求特征包括区域差异、需求差异，购买行为差异，购买心理差异等等。由于消费者需求的差异，企业也需要根据这些差异调整价格。我们将在下一节中详细说明这个问题，"价格调整的决定。

二、价格调整决策

企业在动态的市场环境中，产品价格不是一劳永逸地建立和修改。根据市场环境的变化，企业必须不断调整价格和推出价格攻击策略。价格的攻击策略包括两种情况：一是根据市场条件的变化主动进行调价，即主动变价战略；二是针对竞争对手的价格变动进行调价，即应对变价战略。

（一）主动变价策略

营销活动的过程中，企业会主动减少或增加价格由于外部条件的变化。但当降低价格，提高价格时，需要考虑许多因素的影响。公司还应该注意可能从客户和竞争者的反应调整价格。

1. 何时降价

企业一般在下列情况下可以考虑降低价格：

（1）企业的产能过剩因此需要扩大销售，但企业不能通过产品改进和加强销售工作来扩大销售。在这种情况下，企业必须考虑降价。例如，在20世纪70年代末，许多美国企业从市场领导者定价灵活定价，以促进销售。

（2）强劲的竞争对手的压力下，公司的市场份额下降。例如，美国汽车、消费电子、照相机、钟表等行业都失去了他们的阵地，日本的竞争对手，因为他们的更高的质量和更低的价格。在这种情况下，一些美国公司不得不降低价格。通用汽车（General motors）削减10%的超小型汽车的价格在20世纪70年代末在西海岸，日本企业竞争最激烈的地方。

（3）当企业的成本低于竞争对手，它试图控制市场或通过降价，提高市场份额，扩大生产和销售数量和降低成本。在这种情况下，企业也经常进行降价。近年来许多西方公司提高了价格。尽管他们知道提高价格会引起消费者的不满，经销商和公司销售人员，一个成功的涨价可以大大增加公司的利润。

2. 何时提价

企业一般在下列情况下可以考虑提高价格：

由于通货膨胀，物价上涨，企业的成本费用提高，因此许多企业不得不提高产品价格。西方家在通货膨胀的条件下，许多企业往往采取种种方法来调整价格，对付通货膨胀，诸如：

（1）采用延迟报价定价的策略，也就是说，企业决定暂时不设置最终价格，直到产品或交付集最后的价格。这种定价策略是常用的工业建筑和重型设备制造等行业。

（2）合同中规定调整条款，即企业根据合同规定在一定时期内（通常直到交货时间）根据一定的价格指数调整价格。

（3）采取不包括某些商品和服务定价的策略，即在通货膨胀和物价上涨的情况下，企业决定保持产品价格不变，但对原来提供的某些服务进行定价，使原来提供的产品的价格实际上升。近年来，许多西方公司采用这种定价策略。

（4）减少价格折扣，即企业决定削减正常的现金和数量折扣，并限制销售人员以低于价目表的价格来拉生意。

（5）取消低利产品。

（6）降低产品质量、产品功能和服务。这种策略可以保持一定的利润，但它会影响其声誉和形象，失去忠诚的顾客。

企业的产品供不应求，不能满足所有客户的需求。在这种情况下，企业必须适当的价格。价格上涨可能包括的价格折扣，增加更多的昂贵物品在产品类别，或价格上涨的毕业典礼。为了减少客户的不满，企业应向客户解释价格上涨的原因，并帮助客户找到保存的方法。

（二）应对变价策略

在竞争的市场上，如果竞争对手率先调整了价格，那么企业应该采取应对措施，予以反攻。

市场上同类产品，如果竞争对手削减价格，企业必须相应地降价，否则客户会购买竞争对手的产品而不是企业的产品。如果一个公司提高价格，其他人可能做同样的（如果它有利于行业作为一个整体），但是如果一个公司提高价格不一致，第一提高的公司和其他人将不得不取消。

在异质市场，公司有更多的自由来应对竞争对手的价格变化。在这样一个市场，买家选择卖家不仅考虑产品的高或低的价格，产品质量，服务，可靠性和其他因素。因此，这样一个市场的买家不响应或敏感小差价。

企业在对竞争者价格变动做出适当反应之前，须调查研究和考虑以下问题：

（1）为什么竞争者要变价？

（2）竞争者打算暂时变价还是永久变价？

（3）如果对竞争者的变价置之不理，将对企业的市场占有率和利润有何影响？其他企业是否会做出反应？

（4）竞争者和其他企业对于本企业的每一个可能的反应又会有什么反应？

在西方，市场领导者常常受到规模较小的公司进攻。这些小公司的产品相媲美的市场

领袖,并且他们经常与市场领导者竞争市场份额通过"激进的降价"。在这种情况下,市场领导者有以下几种选择:

(1)维持价格。因为市场领导者认为:如果降低价格,将减少利润太多;维持价格不变,市场份额不会下降太多,市场地位后可以恢复。

(2)保持价格不变,提高产品、服务沟通等,并使用非价格手段反击。这种策略比降价更经济划算,这是和低利润。

(3)降价。市场领导者采取这种策略通过降低价格,因为他们相信他们可以增加销售和生产,从而降低成本。市场对价格非常敏感,而不是减少市场份额将减少;市场份额下降,以后就难以恢复。然而,降价后,企业应当尽其所能维护产品质量和服务水平,而不是降低产品质量和服务水平。

(4)提价,同时推出某些新品牌,以围攻竞争对手的品牌。

攻击竞争对手的企业,必须考虑:产品在其生命周期的阶段;它的重要性在企业产品的组合;竞争对手的意图和资源;市场对价格的敏感性和价值;成本因销售和生产而异。

当价格改变时,不可能花大量的时间分析一个公司的选择。竞争对手可能会花大量的时间准备价格变化,和公司可能在几小时或几天内和果断做出适当反应。缩短决策时间的唯一方式的价格反应是预测可能的竞争对手的价格变化和提前准备相应的对策。

(三)价格调整策略选择

上述定价方法是一种方法,确定产品的基本价格基于成本、需求、竞争和其他因素。基础价格的价格是单位生产或销售的产品,不包括在折扣,运费和其他因素影响价格。但在营销实践中,企业还需要考虑灵活的定价策略,修改或调整产品的基本价格。

1. 折扣和折让定价策略

价格分为样品价格和交易价格。样品价格是指价格表示在价格列表中,而形成的交易价格是实际的销售价格适当调整基于样本价格根据不同的交易方法,数量和时间等。为了鼓励买家支付货物尽快配合促销,企业给予一定的价格折扣和让步,叫作折扣定价。

折扣定价的形式有五种:

(1)现金折扣:这是一个减少业务提前支付的价格。例如,客户必须在30天内支付,如果10天内支付2%的折扣。许多行业在西方国家已经采用了这种做法,加快资金周转,减少收集费用和坏账。

(2)数量折扣。这种价格折扣是一种企业给予折扣的顾客大量购买某种产品,为了鼓励顾客购买更多的商品。因为大量的购买可以减少生产、销售、储运、会计和其他链接的成本。例如,如果一个客户购买某件物品的不到100辆,每单位成本10元。购买100多件,每件9元。这就是数量折扣。

(3)职能折扣。这种价格折扣也称为商业折扣。功能制造商给出的折扣是一个额外的折扣,一些批发商或零售商来鼓励他们执行营销功能(例如,销售、存储、服务)。

（4）季节折扣。这种价格折扣是一种降价，企业给那些过季商品或服务，使企业的生产和销售可以全年保持相对稳定。例如，滑雪橇制造商提供季节性折扣在春季和夏季，鼓励零售商提前订货；酒店、航空公司等提供季节性折扣在淡季。

（5）折让。这是另一种类型的价格上降价清单。例如，汽车是售价4000美元，顾客购买500美元的折扣为3500美元。这叫作折价。如果经销商同意参与厂商的促销活动，制造商可以打折商品卖给经销商。这就是所谓的促销折扣。

2. 心理定价

心理定价即依据消费者的购买心理来修改价格。主要有以下几种形式：

（1）整数定价。整数定价是产品价格采取合零凑整的办法，上面的价格是决定整数或整数级别，给人以产品更高的阶级等级的感觉。如果价格定在1000或1050元而不是990元。消费者认为产品更高的阶级等级可以显示其身份、地位等，可以得到一种心理学上的满足感。

（2）尾数定价。尾数定价指的是保留价格的尾数，奇怪的使用价格，价格将被设置在整数级别以下，所以价格保持较低水平。尾数定价一方面给人廉价的感觉；另一方面，准确的定价给人信任的感觉。对商品的强劲需求弹性，尾数定价往往带来需求的大量增加。它将出售更好的如果价格定在19.80元而不是20元。

（3）声望定价。声望定价指针指向消费者的"一分钱一分货"的心理，对消费者的心中信誉，信誉的产品设定一个更高的价格。价格通常是被视为最直观的反映产品质量，特别是当消费者识别名优产品。声望定价技术不仅被广泛使用在零售业务，但也在餐饮、服务、修理、技术、医疗、文化和教育产业。

（4）习惯定价。习惯性定价法是指根据消费者的定价惯例标准。日常消费品的价格通常是固定的习俗。因为这些商品通常形成一个习惯性的标准，在消费者心目中存在的；价格符合其标准很容易被客户接受，否则容易引起客户的怀疑。高于传统价格往往被视为变相涨价；低于通常价格会怀疑产品质量不是问题。因此，此类产品力求稳定的价格，当价格上升时，应采取措施，如改变包装或品牌，减少消费者的抵制心理，引导消费者价格的逐步形成一个新的习惯。

（5）招徕定价。征集定价是指调整产品的价格低于价目表，甚至低于成本，以吸引顾客，促进其他产品的销售。例如，一些超市和百货商店大大减少一些商品的价格，尤其是设置一些低价畅销商品，一些大宗商品的价格处理，减少销售，以吸引顾客。更多的顾客不仅卖更低的价格，但同时更重要的是，通用和高动力和扩大销售价格。

3. 差别定价策略

差别定价是指企业根据需求，根据不同的时间、地点、产品和不同类型的客户，在基准价上决定是否提高或降低价格，并以不反映成本与费用比例差异的两个或两个以上的价格销售某些产品或服务。差别定价主要有以下几种形式：

（1）顾客而异。企业出售相同的产品或服务不同的客户在不同的价格。由于职业、阶层、年龄等原因，企业可以为不同的客户提供相应的价格优惠或增加；可以获得良好的效果；民航买票等老师给予让步。

（2）时间而异。企业对于不同时间甚至一天中的不同钟点的产品或服务分别制定不同价格。如每天晚上22点以后打长途电话收费优惠。

（3）地点而异。企业设置不同的产品或服务的价格在不同的位置，即使没有这些产品或服务的成本差异。例如，饮料的价格可以高于舞厅饮料的价格在街上购物。

（4）产品而异。企业设置不同价格不同形式的产品，但区别这些不同形式的产品的价格和成本、费用之间的差异并不成比例。例如，在奥运会期间，会徽和吉祥物的产品的价格高于其他同类产品。

实行需求差别定价要具备以下条件：

（1）市场能够根据需求强度的不同进行细分；

（2）细分后的市场在一定时期内相对独立，互不干扰，高价产品市场上不会出现低价竞争者；

（3）细分市场和控制市场的成本费用不得超过实行价格差异所得到的收入；

（4）价格差异适度，不会引起消费者的反感；

（5）价格差异符合有关价格管理的法规和条例。

4. 产品组合定价策略

当一个产品组合的一部分，产品的基本定价必须加以修订。该公司正在寻找一组最赚钱的价格整个产品组合。投资组合定价是复杂的，因为各种各样的产品内在需求和成本之间的相互关系，都受到不同程度的竞争。以下主要系列产品，配套产品和相互替代产品讨论定价。

（1）系列产品定价。

企业通常希望生产和经营一系列的产品，而不是一个品种，所以产品品种、等级、规格、颜色、风格、品位等多样化。因为有差异的产品，还应该有价格差异。这种差异一般可分为品种差价、档次差价、规格差价、花色差价、式样差价的形式。

1）品种差价，是指在同一种商品中，因造型不同而形成的价格差额。如白砂糖和赤砂糖。

2）类价格差异，是指同样的商品，价格区别不同的类。例如，一个人的服装店可以设置一个男人的西装在三个不同的层次：1000元，2000元和3000元。与这三个价格点，客户会认为这些是低、中、高端包。

3）规格差价，是指同种商品中，因大小、长短、轻重、厚薄、粗细、宽窄等不同而形成的价格差额。如水果因大小不同，纺织品因厚薄不同，价格就有所差异。

4）花色差价，是指在同一种商品中，规格相同、花色不同的商品之间的价格差额。

如毛巾有素白、花条、彩花之分，搪瓷有全白、单花、混花之别。

5）式样差价，是指在同一种商品中因造型不同而形成的价格差额。如汗衫有圆领、翻领等不同样式，面盆有平边式、深型式、反口式等不同造型，价格也会有差异。

（2）互补产品定价。

一些公司也以辅助产品为主要产品，如生产照相机和剃刀架的企业同时生产胶卷和刀片等配套产品。企业可以有意识地降低商品的价格较低的购买频率和需求弹性大，并增加购买频率高的商品价格和需求弹性小，这将增加的效果好各种商品的销售。例如，柯达公司定价的一个特殊的相机与柯达电影以更低的价格，销路很好，同时也带动了定价较高的柯达胶卷的销售。

（3）互替产品定价。

互换产品指的是买家可以互相代替的过程中购买和使用。一般来说，相互替代产品，企业应适当提高最好的销售产品的价格，减少滞销的产品的价格，使两个互补的销售，增加企业的利润总额。如在城市，如果洗衣粉流行，肥皂滞销，可以提高洗衣粉的价格，降低肥皂的价格；相反，在农村，它可以提高肥皂的价格，降低洗衣粉的价格。还有竞争等因素。

三、价格体系与渠道价格控制

企业在确定基本价格后，应建立多价格结构，以适应不同的需求特点。因此，它是必要的，以确定的基本价格体系企业根据不同的消费者心理、购买行为、区域差异、需求差异，等等。

（一）价格体系的地位和作用

产品价格体系之间的关系主要反映企业内部专业化和劳动分工和协作，并反映了企业的生产和消费之间的比例关系。与此同时，它还反映了利益分配企业和各级渠道成员之间的关系。

1. 价格体系体现了企业的整体营销能力和管理水平

价格体系的体现企业的整体营销能力和渠道管理水平，它反映了企业的控制等外部资源的渠道成员和其适应环境的能力。价格体系设计，不仅反映了企业控制通道的能力，但也反映了消费者的理解程度，它是企业营销的核心能力的一个重要指标。一个合理的价格体系也基本保证规范市场，控制成本和利润最大化。

一些企业的品牌经理缺乏深刻的理解市场营销的价格因素和长期计划设计的实际产品价格体系。常见的现象是：上市之初总是先拍板决定，盲目受利益驱使；产品销售危机，找不到思路，不知道在哪里改变；想调整价格体系，但怕影响各方的利益，冒犯公众，所以必须让不同区域的营销经理在自己的销售终端。从长远来看，渠道商品、削价、价格倒置、价格体系不稳定的情况大量存在，随着一些终端运营规模的扩大，形势日趋严峻，矛盾日益突出，导致企业在竞争中投入大量营销资源。

对于乙型肝炎等风管的治疗，刚起步的企业总是认为只要价格高一点就能激发各环节渠道的积极性，所以在市场初期当价格高达 500 元一箱时，上市不久就降到了 400 元一箱，后来发现还是不行，再降到 300 元一箱左右，而且一路下行，到最近的一些终端花 200 多元就可以买到一箱。如果你添加一年 365 天的花销的折扣，产品的实际价格与原来的价格几乎是不可能的。这是整个价格趋势的结果就像牛市熊市的股票市场，开始高和低，造成整个产品价格链的严重失衡，并最终导致价格体系的崩溃。

2. 破坏价格体系的危害

一个企业的整体利益是基于个人利益的持续增长的销售渠道。企业利益的实现，关键之一是企业的标准化和恒常性价格体系。不偏离企业的一般原则为了暂时的和暂时的利益，盲目降低企业的整体利益。在一个企业的发展，其销售渠道的经销商应该考虑自己的利益，有时候是不可避免的故意破坏企业在该地区的利益。与其他竞争对手在价格上竞争。特别是，与国产产品在竞争价格战不仅会导致小利润，但也带来直接延迟增加企业的总利润，影响企业的整体利益。

一些地区经销商建立了各种产品的销售渠道，但他们不够谨慎处理与渠道合作伙伴的关系。他们经常赚钱而合作者赔钱。随着时间的推移，这不仅逐渐加强了与合作商户的关系，而且一旦坏商品的分布度传播行业，所以与经销商的合作自然会减少。

正确对待每一个合作的双赢的问题频道，毛利应该统一。从前合作的初衷偏离了，一味地以客户的眼光对客户的价格，把利益放在第二位，把客户的眼前利益放在第一位，所以虽然你可以赢得客户，但你失去了一个长期的客户渠道，禁止了一条有利可图的途径。

新产品（项目）成立初期，由于项目的新颖性，赢得了大量客户的青睐，所以在销售每一件产品时，其价格势必远远高于仅销售一件产品的利润价值。它应该是一个好事的业务销售产品，因为它给业务利润高于业务本身。结果往往会发生，一旦合作者因为各种原因把顾客带到企业自己的店面，店面人员却拿出低于与顾客交谈的报价的价格，而使顾客对合作者产生警觉和反向，造成合作者自己"飞单"，就可能让这笔交易立即成交的生意化为乌有。

在合作的过程中每个通道业务，如果企业不能谨慎价格折扣，合理的处理每个合作伙伴之间的关系，那么很容易让他们暴露出不诚实的态度。

如果一个企业对抗价格战为一个更小的利润，其竞争实际上违反了正常贸易行业的价格保护的原则。如果这种情况继续，那不会有积极的影响整个行业的利润，同时，它将给行业的发展带来障碍。

（二）价格体系设计

1. 差别化价格结构设计

企业销售价格结构体系设计的首要任务是决定差别化价格结构。差别化的价格结构体系包括两个方面：

一是根据销售渠道成员的水平确定价格折扣。企业必须设计每个链接的销售渠道的价格体系，即处理出厂价，第一批价格、第二批价格、第三批价格和零售价格。因为每个链接的价格设计销售渠道直接影响中间商的利益，进而影响中间商的积极性，决定产品在市场的未来，因此，企业必须注意。

其次，根据客户的重要性来确定价格。根据客户的实际性能或潜在实力，客户分为三个等级，A、B和C，分别确定不同的价格折扣利率。A级客户的折扣率是多少？B类客户的折扣率是多少？C级客户（小额采购）依次定价。销售价格体系是为解决利润分配问题而设计的。让步的区别是工厂价格和最终的零售价格。这些差异和多少，谁是价格体系设计需要解决的问题。

一级批发商靠价格和回扣赚钱，零售商靠零售差价赚钱，两者的利益都能得到保障，而第二批，第三批处于中间环节，由一个集团决定他不能获得更多的利润，由于消费者的作用，零售商的作用，以最优惠的价格得到产品，所以，二级和三级批发商，如何维护的利益已成为设计的一个重要方面的价格。

企业必须给二级、三级批发商一个能让他们以销售量来赚钱的价格。表4-2是湖南某建材企业的产品价格体系。其中，A、B、C、D代表四种产品。

表4-2 某公司"××"品牌系列产品定价体系

	A	B	C	D
出厂价	4000元/吨	3500元/吨	2500元/吨	3600元/吨
特许总经销商价格	4000元/吨	3500元/吨	2500元/吨	3600元/吨
一级批发价格	4500元/吨	4000元/吨	3000元/吨	4000元/吨
二级批发价格	4800元/吨	4500元/吨	3500元/吨	4200元/吨
零售价格	1000元/吨（>200元/包）	6000-9000元/吨（>120元/包）	4000-6000元/吨（>80元/包）	10000元/吨
建议销售区域	上海、南宁、常德、北京、南京、杭州、广州、天津	重庆、武汉、厦门、青岛、南昌等东部、中部省级、副省级城市	不发达地区以及县级市和乡镇	先在南宁、北京、重庆和常德等重点城市试销

2. 价格体系设计要点

（1）认同价值链原理。

最初的了解渠道主要是对渠道的物流功能，而真正关键的理解渠道应该是企业建立价值链通过各级渠道成员接触消费者，和渠道成员在价值链的最重要的因素。建立良好的企业形象是建立良好的价值链游离、不脱节的重要标志，在产品销售联络和沟通过程中可以紧密、上下游同行成员之间是否合理分工合作，渠道成员的面积和数量是否合理，可以使企业产品通过渠道成员进行产品的运输、分销、增值服务。

如果一个企业只关注的第一级分销商，而无视下游分销商和终端运营商，对于企业来说，这是价值链的表现尚未完全建立。对于经销商来说，价值链只有达到他们的水平将导致巨大的压力。此时，经销商将价值链接，将其线下客户或终端服务；否则，零售商将被排除在价值链，分布，分布零售商将破坏价格体系，最后产品崩溃现象。原来健力宝公司只是在经销商层面进行渠道设计。一些经销商不想链接价值但只是想寻求公司的条件，所以产品价格严重失去平衡，最终崩溃。

（2）渠道划分尽量平衡。

企业渠道部门应该尽量达到平衡，差距太大，品位。可口可乐的实现在中国的一些地区是一个非常成功的例子。

为了实现"无处不在"的目标，直接销售可口可乐无疑不能达到100%，但渠道已经成为最重要的手段实现无处不在的销售。因此，可口可乐的分销商非常多，非常复杂，很难管理。从1000例的月度销售成千上万的经销商们的情况下，它是确定大经销商需要更多的条件不同于小经销商，做什么呢？可口可乐公司只是一种方式，所有经销商在一年的364天里，你不会感觉到与其他经销商有什么不同，公司也不会承诺给你一个更好的条件，只有在每年的会议上，你才会从可口可乐公司为自己选择的一整年的返利开始提取票据，找到相同的返利金额的数目。如果不是这样，每个经销商都有不同的销售贡献，和企业给予不同的政策，相当于这一事实有许多水平甚至无数水平的经销商，你是1级，他1.2级，他1.3……还有什么微分系统？

一些企业认为这是很困难的，因为经销商的水平、实力相差很大，销售对公司产品的贡献也或多或少，这样的"碗里的水"做法是不可取的，事实上，这是不公平的，因为经销商必须认为"多做工作，少做工作"。在现实中，这种做法很难实现，和一些大的经销商可能放弃分布，因为他们没有比较优势。这就要求企业考虑到经销商的力量不应太大差距在选择经销商。经销商的力量太大，和经销商的实力最好与其他经销商的强度分级，或独家分销系统的实现，通过大型经销商和企业共同来管理经销商并不是太大的力量。三得利啤酒公司在上海做得很好。与其最开始选取基本同等实力的经销商并一视同仁地执行政策不无关系，带着基本相同的力量和执行同样的政策。虽然现在工作做得很细，几乎上在海到处有，但是价格系统是非常合理的。

（3）找合适的经销商建立渠道体系。

经销商价格差异的主要支持者在一个合理的价格体系。因此，企业需要首先找到经销商谁能增加价值的产品或提供服务建立渠道体系，然后他们可以帮助经销商提高他们通过一定的渠道管理和服务价值。这需要选择经销商，经销商的选择可以增加价值。发现单纯想借产品品牌与其他企业在高利润的产品经销商、经销商中，想要漫无目的地逃价的经销商，不以线下客户也不回报大师傅的店主，想要解决包装破损问题的经销商，只是想要找到上游企业来满足条件，他们无法使产品产生价值，都是企业价格体系设计的最大障碍。虽然很多经销商可以将产品辐射到更多的领域，让更多的消费者接受，但是他们的升值程度远远低于产品价值的破坏或降低程度，这影响了整个渠道的发展，仍然不是应该在合理差价体系中的渠道成员。

现实中，很多经销商的货运能力很强，但这并没有使产品在流通过程中体现出更大的价值，反而在不断地破坏产品的价值，如疏通货物、定价、扰乱市场，使产品更多的卖得更低，客户和线下客户的信心水平越来越不足，企业仍然无法应对欺负客户的经销商。在这种情况下，一个合理的价格体系是不可能的。

企业应该支持那些小规模的，但是企业的理念，服务到位的小经销商，他们通过自己的努力使产品比有竞争力的产品更有价值，也使线下的客户和消费者更认同企业和企业产品的品牌。这样，各级识别积累企业和产品的无形资产，是企业生存和发展最需要的价值。

（三）经销商的价格管理

价格是一个重要因素影响制造商、经销商、客户和产品市场前景。因此，制定一个正确的价格政策是维护的关键制造商的利益，调动经销商的积极性，吸引顾客购买，战胜竞争对手，发展和巩固市场。

1. 企业常用的价格政策

企业通常所运用的价格政策有以下几种：

（1）可变价格政策。

即价格是决定根据协商的结果。这一政策时往往使用不同品牌之间存在着激烈的竞争和卖方很难渗透市场。在这种情况下，经销商处于有利地位，迫使制造商给更好的价格。

（2）非可变价格政策。

这个价格政策，价格差异是固定的。商业折扣的形式（散装购买的更低价格），不同的价格是给批发商、零售商或不同的位置。

（3）其他价格政策。

1）单一价格政策。这是一种不变通的价格政策。定价不顾及购买数量、不论什么人购买、也不管货物送到什么地方，价格都是相同的。

2）购买数量折扣。即价格根据一次购买的数量多少而变化。

3）累计数量折扣。允许由一定时期内（如1~12月份）的总定货量打折扣。许多食品企业采取这种方法销售。

4）商业折扣。对履行不同职能的经销商给予不同的折扣。如一级批发商、二级批发商、三级批发商和零售商因履行不同的经销职能而给予不同的折扣。

5）统一送货价格。有两种方法可以设置价格不同的地方。一是统一交割价格，也就是说，最终价格是固定的，不考虑买方和卖方之间的距离，和运费是完全由卖方负担。另一个是变量交货价格。

6）可变送货价格。即基本产品的价格都是一样的，添加了运输成本高于基本价格。因此，产品的最终价格为客户在不同的地方从卖方取决于他们的距离。

如果基本价格是固定的，添加了运费之后，这叫作离岸价格（自提价）。如果最终价格是固定的，包括运输成本，这叫到岸价格（到货价）。在离岸价和到岸价之间要做许多权衡。

2. 渠道终端价格控制

渠道终端是指销售最后一个环节。企业必须加强对产品零售价格水平的控制：

（1）如果没有固定的零售价格，经销商不会积极地进货，其经销范围也不会开阔，最终使制造商和消费者都受到损失。

（2）同一种产品在同一市场上有多种价格，会损害产品的声誉，消费者会怀疑以较低价格出售的产品是否是真货。

（3）多种零售价格增加了零售商之间冲突的可能性，那些不能以低价出售产品的零售商与能够这样做的零售商会发生争吵，最终产品的经销系统会受到严重的破坏。

（4）如果价格订得有利于消费者和制造商双方，那么统一的零售价（即零售商不得以低于此价销售），将对大家有利。

3. 控制经销商涨价幅度

客户支付的价格和制造商销售的价格有很大的区别：供应商设计产品并设定一个对用户有吸引力的价格。不幸的是，事实往往并非如此。通常，供应商通过分销商（包括分销商、批发商、零售商或其他几家）销售产品。最终卖给客户的价格是由这些组织设定的，这些经销商可以很容易地设定比供应商价格高100%的价格增长：增加的价格包括增值活动，即经销商的库存、销售、分销和客户支持的成本，以及相应的管理费和利润（见图4-10）。

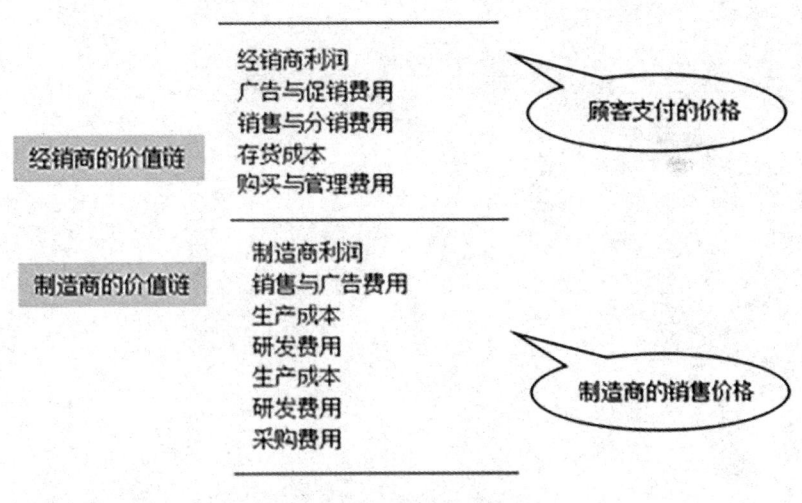

图4-10 决定最终价格的因素

企业都很希望能够影响经销商涨价幅度的制定。具体来说，企业有四种方式来提高其总利润额。

（1）增加销售量；

（2）降低成本；

（3）提高价格，从而使产品或服务成为市场中的引领者；

（4）提高对经销商的销售价格，但不将它转嫁给最终用户。

最后一个选项是降低经销商的价格上涨幅度，这是最不为人所重视的策略。事实上它是为制造商提高利润最有力的工具，例如，如果经销商在出厂价基础上抬高价格100%，而制造商的净利润仅为10%，那么降低10%经销商的上涨价格就能使制造商的利润变为原来的两倍。

4. 控制经销商降价

经销商擅自降价会造成价格混乱，容易引发产品销售地的价格战。因此，必须对经销商降价行为进行控制，产生这种现象的原因主要有：

（1）经销商将本厂产品用作带货。有经验的经销商不是从每一种产品中赚钱，而是从每一批产品中赚钱。所以他把产品分为两类：一类是赚钱的；另一类是走量的。为了吸引批发商购买的产品畅销或设置一些产品的价格很低，不赚钱来吸引批发商进货，带动其他产品的销售。

（2）企业在一定的市场有几个批发商，为了争夺客户，降低价格，最终减少到没有利润，不愿意卖这个产品，把市场做死了。

（3）维持客户。一些经销商减少价格非常低，无利可图的操作，即使制造商给客户减免点，为了维护客户、吸引客户继续购买从他的手中。

第五章　市场营销与战略管理的实施

第一节　市场营销战略问题识别与业务管理模式

一、市场营销战略问题的识别

市场营销战略问题是营销组织的这些内部和外部的问题，将产生重大影响在实现一个组织的市场营销战略和实现预定的战略目标的能力上。它们可能是机遇，也可能是威胁。一个组织在战略制定的主要任务是准确地确定其战略问题。

（一）市场营销战略问题的标准

在一定的时间内，可能会有许多问题，限制实现组织目标的内部和外部的组织。一次关注所有问题是不现实的。战略管理的顺利发展需要组织区分问题的类型和确定的战略问题产生重大影响的整体战略形势问题，在形成之前，去开发或整合。

主要分析以确定是否它是一个组织的战略问题如下：

（1）问题的重要性。只有那些重要问题产生重大影响的组织或社会的战略问题。

（2）问题与战略的相关程度。如果问题是不相关的组织策略，即使整个社会是很重要的，这个组织不需要考虑管理它。

（3）能否对问题采取行动。如果问题是战略相关但是暂时不能采取行动或行动，发展的问题只能看着，等待时间解决。

（4）问题的紧迫性。这里的问题在本质上是重要的，在自然和可操作的战略，组织为主更为紧迫的问题。

（二）战略问题的识别方法——抽象法

将市场营销战略问题进行"抽象化"过程，其做法如图5-1所示。

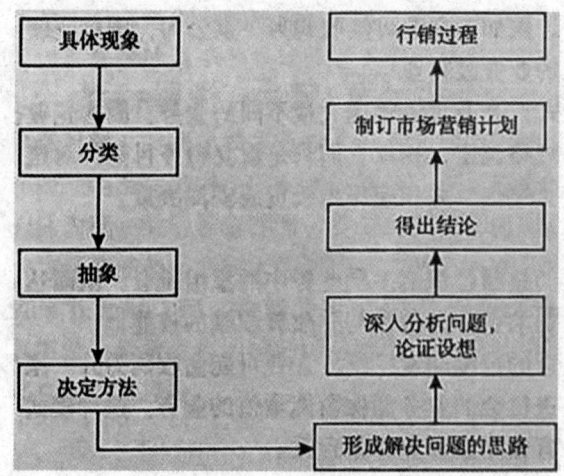

图5-1　市场营销战略问题的抽象过程

第一步抽象的过程是一个方法，用"头脑风暴"，征求意见集中和细节和其竞争对手相比公司的缺点。

第二步是现象与共同特征相结合为一个类别，每个类别重新审视它引发了什么关键问题。寻找一个解决问题的办法之前，重要的是要理解问题的根源。这样一个抽象过程使人们看到的关键问题，并强调某一因素的重要性。

抽象过程结束后，我们必须确定下一步找到正确的解决问题的办法。一旦确定了解决问题的办法，离开了完成的任务是如何制定一个详细的行动计划。经理在许多公司想简化必要的程序之间的识别关键问题，把它们付诸实践，直接跳过一些步骤和管理改进项目和具体的组织活动。事实上，即使是最优秀的一线经理无法把一个抽象的计划变成行动在一个单一的步骤。

二、企业业务管理基本模式

业务是营销战略的核心之一。很多时候营销策略通常是指业务发展战略。因此，研究和分析业务营销策略具有重要意义。业务发展的根本目的是增值业务。然而，实现增值是否与企业的实际情况密切相关。目前，有四个基本的业务发展模式：企业合并、业务重组、业务协同管理和能力培养。

（一）业务组合

这个模型主要是金融市场"代理"（如股东）增加每个业务的价值通过更有效的组合工具比金融市场。通常，他们可以发现价值被低估的资产或业务，购买他们，改变他们。例如，一个公司可能会收购另一个公司，剥离表现不佳的企业，鼓励那些仍有可能提高性能。

通过这种模式，企业可以管理大量不同的业务，因为企业投资者并没有直接参与特定业务的战略制定，他们只是设定财务目标，对这些业务的业绩和未来前景进行集中评估，并做出相应的投资或分拆决策。

（二）业务重组

业务重组是指实现增值业务的目的通过识别在多个企业重组的机会。这需要参与和提高性能的能力。

企业业务组合非常广泛。公司可以购买另一个公司和销售业务，缺乏重组或改进的机会，同时保留企业增加价值。在这种模式下，企业需要独立和集成的业务单位。

（三）协同管理

协同管理是基于协同效应。协同效应通常出现在两个或两个以上的互补的活动或过程的综合效应大于各个部分的总和。从公司的战略的角度来看，业务单位之间的合作可以创造更多的价值。在很多方面可以实现协同效应：

（1）活动共享。例如，常见的分销渠道可以提供不同的企业；小业务部门与不同地理分布可以分享公司海外代表处；一个统一的品牌可以带来不同的产品在不同的企业价值。

（2）不同业务之间也许存在着共同的技巧或能力。例如，从表面上看，可能会有多个产品或技术在工业产品生产部门，但整个生产部门的每个链接为工业客户提供增值服务的能力。如果是这样的话，技能和能力在与另一个部门一个部门可以共享，提高性能；另外，一个部门积累的市场营销或研究能力可以被转移到其他企业改善他们的表现。

（四）能力培育

能力培养是指原企业的核心竞争力的方式用来增加其商业价值。在这种情况下，企业需要有一个清晰地理解自己的资源与能力，可用于开发业务单位的潜力。例如，注意在国际化的国内业务的丰富经验，或知名品牌可以提高企业形象，或财务管理方面的专业知识，品牌营销或研发。如果总部有这些功能，总部管理者需要确定一个"增长机遇"———一个或更多的企业还未达到他们的潜能，但可以通过使用总部的功能改善他们的表现。例如，业务可以通过更大的国际化，提高品牌建设、研发总部的支持。

公司总部的功能有所不同。壳牌认为，壳牌公司总部的重要性不仅在于其强大的财务实力，而且在处理政府的能力。此外，它建立了大量的高质量的国际管理者可以在壳牌工作系统在世界各地，从而促进全球发展公司的业务。3m是一心一意的追求创新。努力培养创新型企业文化，明确创新目标为每个业务，提高公司的技术创新者的地位。联合利华致力于发展全球品牌和营销专业知识在快速消费品市场，辅以先进的研发设施。他们认为这是最好的方法为总部提供增值服务业务单元，它改变了该公司在过去的几年里。当然，有些公司总部也擅长促进不同企业之间互利（如佳能），这也有助于实现协同效应。然而，公司总部的中耕机的角色功能，这种协同效应不是水平的好处的主要原因的存在，企业总部。

研究发现 5-1

表5-1 企业业务管理模式

	业务组合	业务重组	协同管理	能力培养
战略逻辑	金融市场"代理人"	业务单位的价值创造者	取得协同收益	具备业务创造价值能力
战略要求	1.识别并收购被低估的资产 2.剥离业绩差的业务	1.识别重组机会 2.改善业务绩效 3.出售不合适业务	1.共享活动、资源、技术或能力 2.识别转让或共享基础 3.识别收益大于成本的情况	1.识别业务潜力 2.明确业务增值的相关资源或能力 3.业务组合符合企业专长
组织结构要求	1.较独立的业务单位 2.企业总部员工人数较少、成本较低	1.较独立的业务单位 2.总部规模小、专业性强 3.企业具有扭转不利局面的专长	1.相互合作的业务单位 2.企业担任整合任务 3.克服整合或转让中的抵触情绪	1.企业充分理解业务状况 2.组织结构在总部和业务单位之间非常有效 3.不需要合作时各业务单位之间较独立

第二节 市场营销计划

如果一个营销策略驱动的机车车厢其他部门,一个营销计划是一个火车轨道,有助于保持营销努力朝着正确的方向前进。

一、市场营销计划的特性与层次

(一)营销计划特性

1.营销计划是公司或企业计划的中心。营销计划是企业中最重要的一个计划。例如,公司内部生产计划只能确定后知道的基本产品的销量。公司的财务计划、人力资源计划、资本计划、投资计划、存贷计划等,也要等到预计销量和产出量来决定,所以除了公司或企业的战略计划外,营销计划已成为公司计划的出发点。

2.营销计划涉及公司各主要环节。企业营销的内部支持环境还包括一些其他主要部门,如生产部门、采购部门、研发部门和财务部门,等等,其各自的业务活动相关的市场部的业务活动。因此,营销部门必须考虑其他部门的业务活动,制定营销计划,并需要密切合作的主要部门在企业内部。

3.营销计划日趋重要和复杂。在过去,企业营销计划视为全面计划,认为不同的营销活动会加起来构成公司的营销计划。现在的营销计划被认为是公司的战略体系的一部分。它制定了整体营销的目的,使公司所有营销活动集中在这一目的。

(二)营销计划层次

一般来说,公司产生一个以上的产品通常在三个层次的计划:

(1)企业级计划,生产什么是通常被称为一个战略计划;

(2)战略管理单位计划开发一个战略营销计划;

(3)产品营销水平的计划,也被称为运营营销计划。

表 5-2 典型问题为每个级别的规划和计划的结果。在中型企业中只有一个全局的、长期战略规划是在企业级的过程进行规划,而战略营销规划和运营营销计划可以被视为一个单独的步骤。在小型企业,两个级别的计划同时进行。

表 5-2 计划的层次

层 次	名 称	问 题	结 果
企业	战略计划	我们的主要业务是什么?它应该是什么样子的呢	任务、目标、SUB组合
SBU	战略性营销计划	我们该朝什么方向发展?	一个营销策略,用来识别领域我们可以获得可持续的竞争优势
产品/市场	市场营销管理	我们怎样朝该方向发展	市场营销计划

二、市场营销计划内容及格式

营销计划有几个部分。每个部分的内容不同,因为特定的要求,详细程度有所不同。

1.提要

提要是营销计划的开始。这里是一个简短的概述的主要营销目标和建议。摘要的本质是整个营销计划。通常,营销计划需要提交给上级或相关人员进行审核。因为他们可能没有足够的时间读全文,他们可以通过总结描述计划的核心,这有助于他们迅速理解和掌握的需求计划。如果你的主管或相关人员需要仔细详尽的计划,请参考相关的计划的一部分。因此,在形式,最好是按照总结整个计划的目标;与此同时,相关内容的总结,使用括号来表示相应的页码的计划。

2.背景或现状

本节提供背景信息对市场、产品、竞争、分配,和现实世界:

(1)市场形势。描述市场的基本情况,包括市场规模和增长(在单位和金额),并分析总量,数量,销售在不同地区或细分市场在过去的几年中。提供消费者或用户需求的动态和趋势,感知和购买行为。

（2）产品情况。在过去的几年中销售信息、价格、利润和利润率的产品。

（3）竞争形势。识别关键竞争对手并分析其规模、目标、市场份额、产品质量、营销策略和战略、战术的任何信息，可以帮助你理解他们的意图和行动。

（4）分销情况。指的是每一个分销渠道的销售，每个通道的相对重要性及其变化。解释不仅改变个体经销商和他们的能力，但也投入、费用和交易需要激励他们。

（5）宏观环境。描述了影响产品的市场营销宏观环境因素（品牌），他们的现状和未来趋势。

3. 机会与问题分析

通过分析当前形势，确定的主要机会和威胁、优势和劣势，在产品和问题。一旦发现问题，做出与目标相关的选择需要发展战略和行动计划。

4. 明确目标

目标包括两个主要方面，即金融目标和营销目标。例如，预计投资回报30%，净利润或产品的销售。因此，该产品的销售利润必须达到26%，市场占有率必须从13%提高到20%，销售额必须完成，售价必须达到10%，销售网络必须扩大10%，企业知名度和品牌知名度必须从15%提高到30%等。重要的是要注意，目标不能被概念化，但应尽可能定量表达，转化为可衡量的指标。

5. 制定营销战略

营销策略主要是由三个部分组成。可以写，但也列表描述。

（1）目标市场战略，明确企业的细分市场，其品牌和产品准备进入。不同细分市场的客户偏好有自己的特点，对于营销活动的反应行为，潜在利润和企业可以的程度或愿意满足他们的需求。因此，企业需要仔细分配营销资源和能力在精心挑选的目标市场。

（2）市场营销组合战略。对选定的细分市场制定综合战略，包括产品、价格、分销和促销。一般来说，有许多不同的选择在开发目标市场的营销组合。因此，识别主要和次要的选择最好的。

（3）市场营销预算。适当的费用、使用和理由要求实施营销策略。在发展战略的过程中，一个重要的销售部门的工作是与其他相关部门和人员讨论和谈判获得理解、支持和合作。例如，与采购部门沟通，研发部门，生产部门和财务部门了解和确认他们的问题和困难在实施这一计划，他们是否能解决这些问题，他们计划如何解决他们，哪些方面可以做得更好。

6. 确定战术

战略必须是具体的，一组策略或行动。也就是说，进一步的从要做什么，何时做，多少成本和需求实现，营销策略的实施全面考虑各种因素在这一过程中，每个链接，所有的内容。特定的策略或行动可以描述图的形式，显示日期、活动成本和负责任的人，所以整体战术行动计划是明确的，容易实现和控制。

7. 损益预测

目标、战略和战术已经确定，一个辅助预算类似于损益报告可以做好准备。列出预计销量体积和平均净价的收入列预算；分解生产成本费用列，存储和运输成本，以及各种营销费用。收入和支出之间的区别是预期的利润。上级的批准，这将是有关部门和相关连接的基础安排，进行采购、生产、人力资源、营销管理。

8. 营销计划控制

这是最后的营销计划的一部分，主要解释了如何管理计划的实施过程和进步。通常的做法是将目标和预算按月或按季度分开，以便上级经理及时了解各阶段的销售业绩，掌握未完成任务的部门和环节，分析原因，要求限期说明并提出改进措施。

在控制一些营销计划的一部分，对于突发事件有应急计划。应急计划概述了各种可能发生的不利情况下，发生的概率和程度的伤害，应采取的预防措施和补救措施，必须做好准备。应急计划开发并吞并，目的是预测重大危机和可能的困难。

三、市场营销计划实施技巧

营销计划把重点放在如何转移价值客户和建立竞争优势。从营销计划实现的角度来看，翻译的技巧是实现我们的目标我们的策略为一系列活动部署，每个人都可以把他们的工作看成一组为公司增加价值的活动。每个人完成自己的任务，最终的结果是更大的价值的转移给客户。这些行动被认为是对组织的贡献。根据 Bonoma，为了成功地将战略目标转化为行动，以下四个技能是必需的。

（一）分配技巧

营销经理使用分配技术来分配资源（如资金、能源和人）之间的程序，功能，使战略实施策略。例如，多少钱应该分配给一个特定的营销活动，在什么情况下有缺陷的产品应该自愿回收。

（二）监督与组织技巧

营销经理监督技术适用于评估营销活动的结果。营销经理使用组织能力来建立组织结构和协调机制来实现营销计划。重要的是要理解正式组织和非正式组织结构的作用。

（三）相互影响技巧

营销经理使用交互技术实现目标通过影响他人的行为。足够的对内部和外部人员的激励，如市场研究公司，广告公司，经销商，批发商和经纪人、先决条件实现营销目标。

研究发现 5-2

营销计划实施的保障

1. 制度保障

（1）基础性管理制度

①绩效考核制度。营销计划要实现的目标是与营销人员的绩效考核，以规范营销人员的行为在营销目标，并推动计划的实施。

②部门协作制度。计划的关注重点解决部门之间的合作，建立部门之间的契约关系，明确责任和权利。也可以以一个项目团队的形式来提高程序的运行效率。例如，新产品开发业务涉及市场生产、技术、供应等部门。一方面，有必要建立领导关系营销部门的开发过程。

（2）职能性管理制度

我们是为了提高营销计划执行管理系统的效率，如营销管理系统、区域管理系统、渠道管理系统、销售管理系统、系统规范工作一方面为销售人员提供服务，另一方面为销售人员提供有效性和效率的衡量标准，管理系统还影响着销售人员的思想和行为模式，它的根是在营销计划的有效实施。

2. 流程保障

（1）优化操作过程在营销计划中的关键业务内容，优化甚至重组的关键业务流程，进行有效实施是重要的计划部分。

（2）调整部门结构重组业务流程。一些关键业务流程，如研发过程，推广过程中，规划过程中，订单处理过程，等等，他们的运营效率反映了整个组织结构和部门职能是否合理。

3. 权限保障

（1）各部门业务职能的落实：营销计划的有效执行很大程度上取决于是否每个部门可以充分发挥各自的功能。计划的实现必须给每个职能部门相应的权威，否则执行效率就会受到影响。

（2）总部和分部间的权限分配：总部应加强专业方面的权威，部门应加强特定方面的权威，这样的计划可以实现集成。

（3）各项业务活动的权限分配：即业务计划的内容应该合理分配，每个职能部门和相应的工作内容应该明确定义，主要解决决策权在业务发展的过程。

4. 资源保障

（1）为达成计划目标必需配备的各种资源：分配到资源的项目往往不能保证计划的

执行，而一些企业面对销售下滑的状况，往往不能坚持按计划进行，反而会降低倾斜成本，立即推动销售项目，如渠道返利促销等，但这只是一种短期行为，毫无帮助。

（2）对关键项目的资源保障：一些公司计划实施深度分销，但只有一小部分区域市场人员。因此，在计划的实施中，重点项目必须确定在系统中，并与绩效考核相结合，通过政策保证。

第三节　市场营销战略组织

营销策略必须通过有效的营销机构实现。所谓的营销组织指的位置和结构组织参与营销活动。从管理的角度看，组织职能是通过任务结构的目的和权力关系的设计来实现协调的努力，也就是说，组织职能是将特定的任务分解成特定的任务，然后将它们合并成一个单位或部门，同时授予每个单位或部门经理权力点。

一、战略与结构的关系

第一种观点：战略决定结构

有一个互动策略和结构之间的关系。这种关系强调了战略制定和战略实施之间的互联性。一般来说，认为结构的互动关系选择公司的战略后，战略决定结构。这种观点的发起者是著名的管理学家钱德勒。

第二种观点：结构决定战略

结构可以影响当前的行动策略和未来战略的选择。策略——之间的关系结构意味着组织策略的变化引起的变化是如何组织工作。"结构—影响战略"的方向，组织必须验证工作所需的结构是一致的实现策略。然而，研究表明，战略结构的影响更重要比结构策略。

本文观点：战略与结构需要匹配，主导因素视具体情况而定

战略决定结构，结构决定了战略，取决于具体情况。然而，无论战略和结构之间的关系，必须确保企业战略的选择和结构的结构与策略不仅可以保证当前的发挥竞争优势，但也有灵活性获得未来的优势。这意味着当一个企业改变其策略，它还应该考虑所需要的组织结构支持新战略。同样的，组织的策略时，必须考虑组织结构的变化。识别的需要，新惠普高管继续重组公司依照前惠普和康柏的合并策略。有效的战略和结构的匹配可以给企业带来竞争优势。当企业战略和结构的组合有一定的竞争优势，它可以给企业带来超级平均回报。

二、市场营销组织的类型选择

为了实现组织目标，企业需要选择合适的营销组织根据自己的营销环境。一般来说，

营销机构可分为专业组织和结构组织。

（一）专业化组织

1. 职能型组织

这是最古老和最常见的营销组织。它强调营销策略的重要性和活动管理功能，如销售，广告，和研究（如图5-2）

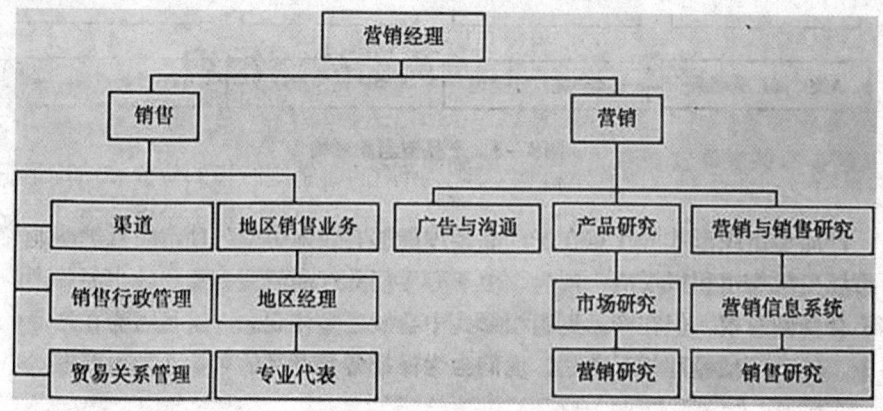

图5-2 职能型组织结构

从图5-2可以看出，组织地方销售作为营销的重点，而广告、产品管理和研究功能退居幕后。当一个组织只有一个或几个产品，或者当组织产品大致相同的营销，它是更有效的设置根据营销组织结构的功能。然而，随着的增加各种各样的产品和市场的扩张，这种组织形式公开协调发展不平衡的问题和困难。因为没有部门完全负责整个新产品的营销活动，每个部门强调自己的重要性，以便获得更多的预算和决策权力，以便营销经理不能协调。

2. 产品型组织

产品组织指的是建立一个产品经理组织系统中的组织协调部门冲突的功能性组织。它是适当的建立一个产品经理组织系统在组织生产的产品多元化和多样化，功能的营销组织不能处理它们。最基本的方法是有一个产品营销经理（可以认为营销的副总经理）负责一些产品类别经理，和一些具体的产品经理负责具体的产品，根据产品的不同类别（如图5-3）。

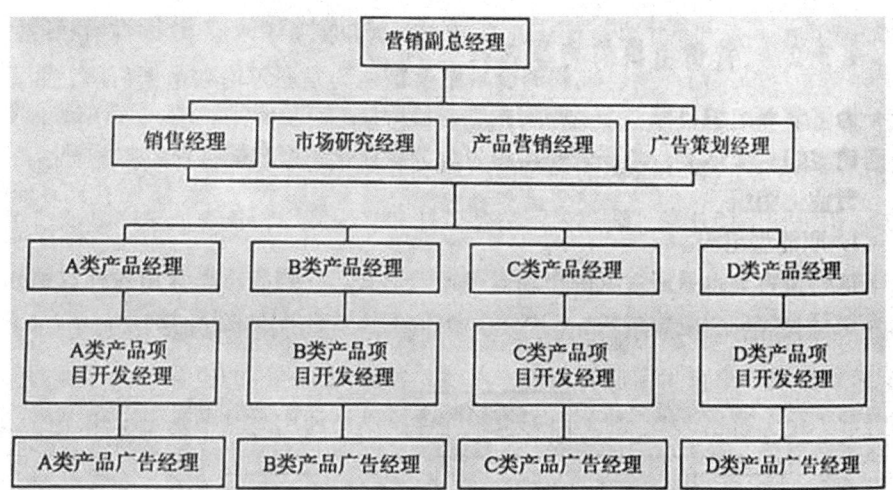

图5-3 产品型组织结构

产品型组织形式的优点在于产品经理可以有效地协调各种营销功能和积极回应市场变化;与此同时,这些小品牌可能不会被忽视,由于专门的产品经理。但缺乏一个全面的视图在产品组织。这是因为在组织一个产品,产品经理是相互独立的,他们可能难以保持其产品的好处。事实上,某些产品可能面临萎缩和消除的威胁。

此外,可以有部门的冲突在这种类型的组织。产品经理可能不会有足够的权威有效地履行职责。这需要他们说服广告部门、销售部门、生产部门和其他部门的配合和支持。

最后,还有多个问题的领导人在这种类型的组织。是权力和责任的划分不清楚,下属可能接收各种指令。例如,产品广告经理收到产品营销经理指导发展广告策略和广告协调预算和媒体的选择。

3. 市场型组织

当一个组织有一个产品类别,面对不同的消费群体有不同的偏好,并使用不同的分销渠道,建立一个以市场为导向的组织是可行的。许多组织是组织根据市场营销结构体系,使市场服务中心组织的所有部门。市场型组织的基本形态如图5-4所示。

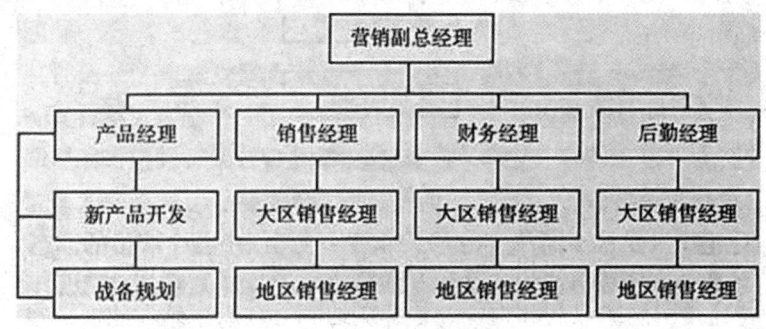

图5-4 市场型组织结构

一个营销经理(可能是指定为营销副总裁)管理几个市场经理(市场经理也被称为市

场开发经理、营销专家，或行业专家）。提供所需的功能性服务营销经理和其他担保功能组织。他/她的职责是准备长期和年度计划在他/她的管辖市场，分析市场趋势，该组织应该提供哪些新产品推向市场。他们的表现常常被认为是通过增加市场份额，而不是当前的市场盈利能力。

市场型组织的优点在于营销活动可以组织和安排根据不同类型的客户的需求，这有利于组织加强销售和市场开发。缺点尚不清楚责任和多头领导，这类似于产品的组织。

4. 地理型组织

如果一个组织的市场营销活动是国家，它将设立营销机构根据地理区域（如图5-5）。

组织由销售经理负责全国销售业务（可能是营销副总经理的位置），区域销售经理，区域销售经理和当地的销售经理。地理组织往往是结合使用与其他类型的组织整体营销活动更有效。

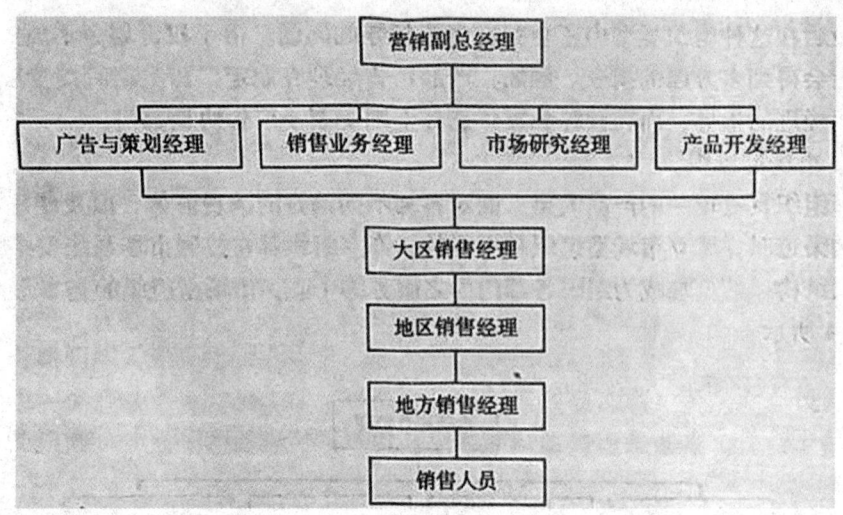

图5-5 地理型组织结构

专业组织只有建立每个位置的形式从不同的角度在营销组织。至于如何安排这些职位，有必要分析组织结构之间的关系和地位。组织设计组织结构不是终极目标，但只有实现营销目标的一种手段。自组织有不同的目标、策略、目标市场、竞争环境和资源条件，可以建立不同类型的组织结构。

（二）结构性组织类型

1. 金字塔型

这是一个比较常见的组织结构。它建立了一个垂直领导关系从经理到普通员工从上到下。管理范围逐渐扩大，对上司和下属只负有直接责任。组织结构建立的功能专业化主要是锥体。它的特点是明确的权利和责任，快速沟通和管理效率高。然而，每个员工的权力和责任范围有限，尤其是低水平的员工，往往缺乏整体营销理解的情况下，这是不利于他们的晋升。

2. 矩阵型

这种组织形式是产品组合的功能组织和组织。它构建一个水平的领导系统基于职能部门的垂直领导体系由一个线性指挥系统，和一个矩阵两种形式（如图5-2）。

矩阵组织能够加强在组织内的合作，可以集中各种专业人员的知识和技能而不增加组织，容易形成，适应性强，有利于提高工作效率。然而，双重领导、过度分散、稳定性差、管理成本高的缺陷或多或少抵消了效率。

三、市场营销组织流程

结构是一个组织成功的关键，但取决于正式和非正式的组织结构流程功能。过程是一个多种控制一个组织的操作，所以它既能促进和阻碍的实现策略。过程包括正式的控制（系统、规则和程序）以及社会约束甚至自控（个人激励）。我们将探讨几种典型流程：（1）直接监管；（2）计划和预算；（3）业绩目标；（4）市场机制；（5）社会/文化机制（规范）；（6）自我控制（个人的行为和动机）。

在现实中，这些过程彼此通过不同组合（其中一些发挥主导作用），重要的是使过程与策略和其他组织元素（结构、关系和边界）来实现组织的目标。

（一）直接监管

直接监管是一个人或少数人对战略决策进行直接控制，小组织通常采用这种机制，一些变化不大、业务不太复杂的大型组织也采用这种做法：由少数几名管理者在总部对战略进行详细控制。这种做法在家族企业和政府部门也很普遍。

监管在发生重大变化时非常有效，如组织在危机中生存受到威胁或行业环境发生重大变化时，需要通过直接监管行使专断控制——公司面临破产，债权人指定接管人就是一个很好的例子。

（二）计划与预算

计划和预算是最典型的管理，也就是说，通过规划、资源配置和资源利用效率的管理与监督体系，确保战略的成功实施。该计划涵盖所有方面的组织和使用财务指标来清楚地显示每个地区的资源是如何被使用的（功能、部门或业务单元），以及详细的使用这些资源的计划，通常表现为一个预算。例如，如果市场部预算500万元，应该状态所花费的资金将如何，如员工工资支出的比例，广告促销和展览，定期审核根据计划。收入是计划的一部分，和实际销售测量反对这个计划。当然，还应该有一些计划和预算的灵活性，以应对不可预见的事件或适应实际情况。例如，如果销售收入不符合这个计划的要求，可能需要减少支出预算在一些地区，或增加投资在某些领域（如广告宣传）。

在20世纪早期，追求生产效率和可靠性是实现"科学管理"的趋势，仍然起着非常重要的作用在许多制造企业。这种方法，基于详细的规划和协调，尤其适合组织相对稳定，几乎没有改变。

计划可以使用标准化的"自上而下"的工作流或输出（如产品或服务的特性）。有时，工作流是受到严格的框架的评估和审查，如需要满足外部质量标准（如ISO9000）。许多服务机构，这种"一般化"是由IT系统完成的，IT系统可以降低对服务人员技能的需求，也可以降低提供服务的成本——这可以是由于市场定位是提供具有低价组织竞争优势的公共产品，例如互联网银行交易成本只是一般银行的一小部分）。

（三）业绩目标

业绩目标是一个重要的机制，确保战略的成功实施。与先前的计划，关注资源投入（如预算），业绩目标关注组织的输出（或组织）的部分，如产品质量、价格、业绩结果（如利润）。内部或外部组织的绩效评价标准主要是组织实现性能目标的能力；当然，组织可以决定，一定范围内，如何实现其目标。

业绩目标表现在以下情况下的目标方法是更合适的：

（1）CD业绩目标是常见的组织总部控制战略和业务单元的业绩，确保总部设定的目标可以实现。在大型组织中，业绩目标通常是通过命令链的业务部门或功能，经常给个人。

（2）在不完全的市场环境下，例如，在许多私营企业在我国和其他国家，控制是由监管机构行使在完全市场机制形成。这些监管机构控制这些组织的帮助下最大的定价机制，即上限价格相关的零售价格指数（RPI）。当市场竞争达到一定水平时，一系列的识别性能指标将引入监管机制保证维持"竞争力"的业绩。

（四）市场机制

在许多行业，市场机制发挥主导作用，组织的业务流程与外部供应商、分销商，甚至是竞争对手，所以毫不奇怪，组织管理者试图实现市场机制自身。市场机制是指供应的资源或输入从一个组织的一部分到另一部分的形式组织的正式"合同"系统形式输出。组织内部市场机制可以是这样一种简单的启动方式：公司总部设立类似的投资银行部，或在公司总部对剩余资源的资源进行"高质量"，而各业务单位可以回馈给领导，争取这些额外资源来支持自己或具体项目的开发。这可以非常支持的早期阶段的创新风险，否则会因缺乏资源而饿死。

内部市场的一个重要特征是内部客户有"正确"的指定他们的需求和进入与内部供应商的服务水平协议，通常要求提供的服务提供的内部供应商比任何外部第三方。在实践中，存在问题与内部市场机制——人们普遍担心这可能会导致不良行为。第二，内部单位之间的监管资源配置将培育一种新的官僚机构。过度使用市场机制也将对组织文化产生深远影响，使组织文化从竞争合作关系和合同，这并不有利于组织的发展。

（五）社会/文化机制

长久以来，我们一直过于注重形式上的协调机制成功的战略机制，在缓慢的工作，简单的环境但难以应对复杂的、不确定的环境。因此，一些"软"机制（如社会机制和自我控制）非常（也许将成为）重要的组织。

社会机制是指组织文化和标准化的行为准则。社会机制对于组织来说是特别重要的在复杂和动态的环境。在这种环境下，鼓励创新是一个组织的生存和成功的关键。只有非正式专家和专业团体之间的交流分享和整合的知识才能真正鼓励创新。社会机制对组织之间的竞争与合作也很重要。

社会机制创建刚性当组织需要的战略改变。变革阻力可以合法文化规范。例如，计划减少技能需求通过常规过程（利用IT系统）和"非专门化的"员工的使用合理的方式为客户提供增值服务，但专业人士可能抵制。但是，术语机制可能会抵制这种变化，但事实并非如此，因为这些专业人员的行为在组织行为中会受到其他同行的强烈影响，如果他们看到这种做法对其他组织有效，他们就会接受——这是许多组织使用重要资源来维持组织和组织之间的专业网络，以便了解行业最佳实践。

培训和发展是另一个秘密组织使用维护社会机制：内部培训和发展为人们提供了一组参考系统（规范）对他们的工作和重点，以及共同的语言交流与组织的其他部分。

（六）自我控制和个人动机

在环境中，知识的重要作用、个人动机和自我控制在工作绩效中发挥着越来越重要的作用。

自控能力是个体之间的直接交互没有监督来实现知识集成和行动协调（有时称为"相互调整"）。在该机制中，管理人员可以确保有人与人之间的交互渠道（也许通过改进IT系统和通信设施），这种相互作用生成的社会机制监管得力，不会造成"刚性"。因此，管理者应该考虑他人的工作环境，尤其是确保知识的创建和集成。如果员工有更大的话语权在他们如何工作以及如何实现组织的目标，他们应该有足够的资源来获得适当的支持。最重要的资源之一就是信息。

个人动机在很大程度上是受领导的类型和风格的影响。领导者的权威是非常重要的，可以从许多方面建立权威。例如，成为同行的专业组织的成员，获得声望作为专业人士的典范；这就是为什么很多专业服务部门或组织的领导人在他们的专业领域是什么工作以及管理。权力也可以来自为员工创造一个环境和沟通工作。最后，一个领导者的权威也可以来源于他或她的处理问题的能力在一个商业环境（如赢得订单或从总部或金融机构获得资金支持）。这三个领导角色（专业人员的楷模，为员工创造一个有利环境和对资源的访问）是在知识组织被称为"询问"的领导下，"关怀"的领导和"发现"领导（所有三个重要知识组织）。

第四节　市场营销战略人力资源与领导行为

正确的和有效的人力资源战略的组织提供了一个强有力的保证营销战略的目标的实现。战略领导力是战略成功的必要条件。企业参与竞争在21世纪需要有效的战略领导。

一、战略领导者的识别

（一）战略领导者的作用

战略领导者是组织营销战略管理的主题。他们在内部和外部环境的分析，企业战略的制定者，策略实施的领导者和组织者，控制器的策略实施过程和结果的评估。主管战略领导人创建一个环境利益相关者（员工、客户和供应商）可以在最大工作效率。战略领导力的关键是能够有效地管理公司的运营和维持长期表现突出。

当战略领导人未能正确和及时的应对企业的复杂的内部和外部环境，公司获得核心竞争力的能力会下降。当前经济全球化使得产品或企业之间思维模式的竞争。这需要战略领导人应对多样化和复杂的竞争环境。没有一个有效的战略领导，无法形成战略和成功实现，获得过多的回报是不可能的。

（二）战略领导者的构成

一般而言，企业战略领导人包括董事会、高级管理人员、中层管理人员、战略管理部门、非正式组织的领导和企业情报培训组。其中最主要的是董事会和高级管理者。

1. 董事会

在过去，大多数企业的董事会只扮演了一个一般的或正式的在企业管理中的作用。绝大多数的董事会成员选举，不是因为他们的知识和能力，而是因为他们的经济和社会地位。董事会批准企业经理的建议，而更重要的工作是由专业人才组成的集团企业经理。对于家族企业来说，董事会往往只是一个装饰。

一方面，消费者、投资者和员工满意企业不负责任的行为越来越多，他们需要董事会的企业承担更大的责任，企业的决策。在这种背景下，公司董事会已变得更年轻和更专业。相当多的董事会是由高管，从其他公司高管、银行家、律师、著名学者，甚至工会领导人。另一方面，企业董事会的法律责任更加明朗。当公司在中国注册的，董事会的责任和义务。美国和其他西方国家的相关法律要求企业董事会负责。例如，美国证券交易委员会（sec）要求大多数董事签署年度报告和法律责任。西方公司的董事会可以而且必须更多地参与管理。从法律的角度来看，当然，这种参与是有限的指导企业管理，而不是直接管理业务。

从企业战略管理的角度，企业董事会的主要任务是：

（1）提出企业的目的，建立具体的选择范围的高层管理；

（2）审批建议，决定和行动的高级经理，并为他们提供建议和参考意见；

（3）董事会监督企业的内部和外部的变化通过委员会，并提醒企业管理这些变化对企业的影响。

2. 高层管理者

大多数经理曾发挥决定性的作用在企业的战略管理也是企业的所有者。随着分离公司的所有权和管理、高级经理（也称为高级经理）在大多数企业职业经理人有一定的领导能力和专业知识。他们不仅依靠权威，但也对自己的影响和专业能力在企业战略管理中发挥作用。

企业的高级管理人员一般包括企业的首席副总经理和业务单位的局长和副总经理。高级经理在战略管理起着非常重要的作用。

从企业战略管理的角度来看，高级经理的核心任务是启动，实施和管理战略规划的整个过程。根据企业法和公司法颁布的中国政府，公司经理的主要职责之一是"制定公司的发展规划、年度生产经营计划、年度财务预算、决算方案，利润分配方案和亏损补偿计划"。

3. 中层管理者

现代管理理念的影响下，越来越多的高级管理人员认识到中层管理者的重要性在战略管理的过程。因为那些真正了解企业的问题和机会是企业的中层管理人员，和实现企业战略是企业的中层管理人员。因此，许多大型公司，如通用电气（general electric）在美国，将决策权委托给中层管理人员，尤其是分支工厂或分支机构。但是中层管理者有一定的局限：

（1）战略管理的理论和技术并不多；

（2）仅限于工作范围和利益，很难提出问题，从整个企业的角度做出决定；

（3）有限的时间用于战略思维。

然而，中层管理人员是专家在他们的责任，因为他们是负责一个特定区域内的工作组织，他们的意见是最重要的。高级管理人员在重大问题上的观点的企业受益于中层管理人员在各方面的宝贵意见。高级管理人员的决策意见往往形成总结的基础上，分析和总结中层经理的建议和观点，和许多战略计划是集体智慧的结晶。一旦企业战略得到批准，中层管理人员成为制造商和实现者的具体策略，在这些领域的方针、策略和措施。

4. 非正式组织领导者

有正式和非正式的组织，如关联。这些非正式组织有相当大的影响力的实施和制定营销策略。组织营销战略决策的过程中，组织中总有不同的看法，反映了企业内部不同利益。最后，战略制定的过程变成了游戏的过程中各种利益集团，并决定由妥协往往是次优的。

因此，如果企业管理者可以关注非正式组织的领导人，让他们参与企业的战略管理通过充分沟通和指导，或者采取其他有效措施，它将有助于企业战略管理的成功。

5. 战略管理部门

一些公司，比如 IBM 和福特，有专门的战略管理部门。这些部门没有具体的经营管理责任，通常被称为"战略研究部门"，"规划部门"、"规划部门"等。事实上，他们主要负责跟踪企业的内部和外部环境的变化，监测企业生产经营的实际表现，收集和处理信息。可能有几个这些提案需要提交给总经理或者董事会研究决定。在该战略的实施，他们只负责监督实施结果之间的差异和最初的预期目标和报告向上级或有关部门。他们通常没有责任或权力实现特定的策略。这些部门通常由一位高级经理问题预警报告当大事情发生了。他们还要求准备和战略计划草案的基础上输入从经理和各领域的专家，但它无疑是在总经理的手中。

6. 智囊团

智囊团是一个人员群体形成的外部资深顾问。尽管它是一个外部的成员企业，它参与企业的战略管理在某种程度上。外部顾问通常是由来自大学的专家、科研院所、经济技术研究机构、政府高级官员、名人和专业咨询公司。它通常不是一个永久性的机构，而是一个任务型组织。当企业遇到很难解决内部问题在战略管理，或为了使战略管理更加完美，他们经常临时召集或雇佣一个智囊团提供建议和判断。目前，为西方公司非常普遍使用智囊团协助战略决策和分析。

总之，各种战略管理的企业中，董事会和企业的高层管理人员是最重要的。战略管理才可以成功如果董事会和高级管理层积极参与，互相配合。

7. 战略领导班子的组建

关键的战略领导由经理负责和实施企业战略。通常情况下，员工和董事会成员的战略领导小组由公司的副总裁。

每个公司战略要求战略经理有一组相应的人才。然而，概念、能力和企业战略管理者的行为模式是不同的，不能保证企业战略的一致性。因此，为了确保制定出优秀的战略，确保新战略的有效实施，企业不仅要根据企业环境和新战略的要求选择优秀的总经理，还要配备战略领导团队，这两者都是非常重要的，不可忽视。这是因为它是困难的对于任何总经理所有所需的资格。因此，一些助理应该选择和装备来弥补战略领导团队。这些助理的优势可以弥补缺点的总经理。

二、战略性人力资源

企业的人力资源是如此的重要，有人说，"随着越来越激烈的竞争，人们可能是唯一可持续的竞争优势。"强调人力资源管理的重要性。有效的人力资源管理是成功的决定性因素企业战略的制定和实施。在过去，企业的人力资源管理，更多的是一种辅助人事管理。在进行战略决策时，企业往往排除考虑人力资源问题。人力资源管理很少涉及组织的战略决策，或者是组织的战略决策的信息提供者。担任战略规划的助手和战略的执行。我也参加了一些具体行政工作，如员工招聘、培训、绩效评估、薪资与福利、员工服务、人事记录等管理内容。虽然可以保证战略的实施，它不能为企业领导提供各种有价值的信息准确、及时的从企业发展战略的高度，以支持企业战略目标的更新和调整。

企业战略和人力资源随着人力资源的重要性而紧密相连，形成一个战略人力资源管理，为企业战略目标的制定和有效实施。

（一）如何理解战略性人力资源

战略性人力资源管理认为人力资源是一个企业最重要的资源，创造和保持竞争优势是最关键的因素决定一个企业的成功或失败。人力资源管理的核心功能应确定外部环境的影响，竞争对手和劳动力市场。分析和诊断企业内部人力资源的现状；参与企业的战略决策，制定企业的战略目标，并根据企业的战略目标进行具体的人力资源管理和开发，使企业与人力资源匹配的战略，确保企业战略的有效实施，使企业获得竞争优势。

战略人力资源管理强调企业战略和企业人力资源并不是一个连续的过程，而是一个动态的、多维的关系。企业人力资源管理应直接集成到企业战略制定和实施的过程中，从主持人和执行者的角色参与者、倡导和执行者。一个企业的人力资源部门不仅要帮助当前的战略目标的实现，而且还参与制定未来的战略目标。更重要的是，它应该确保人力资源满足未来的需求实现战略发展目标。

（二）战略性人力资源的特征

从本质上讲，以企业战略为中心的战略人力资源管理具有以下基本特征：

（1）系统性。人力资源管理政策、实践、方法和手段被企业为了创造和维持竞争优势构成战略体系。

（2）长远性。选择和就业的员工不仅要满足企业的当前位置的要求，但也考虑企业需求的变化在工作位置在未来几年内根据企业的发展目标。雇佣某人不仅基于现有的经验和能力，而且在他们的潜力。通过人力资源的长期规划范围，促进企业的不断发展。

（3）全局性。企业的人力资源管理应考虑所有员工。战略人力资源管理是企业管理的整个过程；它是企业所有人员的管理。

（4）目标导向性。通过组织建设、战略人力资源管理将人力资源管理的组织管理系统，促进组织绩效的最大化。

（三）战略性人力资源的目标

为了匹配企业战略，人力资源开发和管理应实现以下目标：

（1）共同的价值观：让员工充分了解企业战略、发展的愿景和使命，建立企业文化，形成共同的价值观和对他们做出贡献。将企业共同目标的方向感和使命感与员工个人理想目标的荣誉感和追求感融合在一起，将企业的需要转化为个人的需要，充分发挥人的主动性、事业心、勤勉、音乐、勤奋、无私的奉献精神。

（2）识别需求：根据企业战略，进行人员需求预测和供给预测。人员供给预测包括两个部分：一个是内部所有权预测，也就是说，根据现有的人力资源和他们的未来变化，预测员工所有权在计划时间点；第二个是预测外部人力资源的供给和确定的供应各种各样的人员在每个时间点计划。

（3）组织建设：制定人员配置计划的需求，实施战略性人员配置。

（4）能力开发：发展员工和管理人员的专业技术能力满足企业需求的策略。

（5）建立绩效评估系统：准确评估员工的工作质量，激励员工，提高工作性能和增强竞争优势。

（四）人力资源和企业战略之间的匹配

不同的企业战略人力资源有不同的要求。根据策略构建人力资源，实现人力资源和企业战略之间的匹配是实现企业战略目标的核心，创造和保持竞争优势。无论企业战略是一种成本领先战略或差异化战略，企业是否在增长和发展阶段或兼并阶段，它需要对应不同的人力资源管理策略。

例如，一个公司实施成本领先战略在企业必须加强成本控制。因此，企业的生产经营过程中必须标准化、高效。公司实施差异化战略，为了使公司的产品可以不同于竞争对手，并占领市场通过这些分化特征，它自然需要更多的创新思维的人才。同样，公司有不同的人力资源需要在增长发展阶段或在兼并阶段。表5-6列出了构成企业战略相匹配的人力资源不同。

表5-6 人力资源和企业战略匹配

企业战略	人力资源构成
成本领先	1. 强调效率 2. 定期重复的工作 3. 基于职位的薪酬 4. 内部改善 5. 关注特定的和短期技能培训，以便员工能掌握新技术节约材料、节约能源和提高效率 7. 行为导向的
差异化	1. 有创新和冒险精神 2. 宽松，广泛的工作 3. 强调个人薪酬 3. 外部招聘 4. 完善的员工制度，高质量的工作时间流程，吸引最优秀的人才 5. 绩效考核是员工自我发展的工具 6. 结果导向的

(续表)

企业战略	人力资源构成
增长	1. 积极招募和招聘 2. 高工资 3. 股票期权 4. 拓展训练
收购兼并	1. 选择性地 2. 转让与结算 3. 利用文化变革 4. 岗位适应性教育和培训

三、关键战略领导行为

（一）确定战略方向

决定一个公司的战略方向是开发公司的长期战略意图，通常是一个长期目标，着眼于未来至少5至10年。愿景，信仰的目的，包括意识形态和特征的未来业务寻求。

理想的长期意图由两部分组成，核心的理想和未来。核心理念激励员工通过公司传统，鼓励员工扩大他们的期望的成就在可预见的未来，并要求显著变化和过程，以实现这些目标。在可预见的未来作为指导企业战略实施过程的许多方面，包括动机、领导、员工授权和组织设计。

（二）有效管理的资源组合

战略领导者，最关键的任务是有效地管理企业的资源组合。公司拥有多个资源。战略领导者组织这些资源成为竞争，构建企业基于这个竞争力，制定和实施策略来平衡这些资源来获得竞争优势和管理这些资源的投资组合。特别是，战略领导者必须探索和保持企业的核心竞争力，并开发和维护企业的人力资本和社会资本。

1. 探索和维护核心竞争力

作为一个公司的竞争优势的来源超过竞争对手，核心竞争力是资源与能力。一般来说，核心竞争力通常与一个组织的功能性技能，如生产、财务、营销、研究与开发能力。

公司建立和发展在许多不同的功能区域核心竞争力来实现其战略和战略领导者必须证明该战略的实施加强公司的能力。例如，英特尔核心竞争力由竞争的灵活性（多个竞争方式）的行动能力和竞争速度（迅速行动的能力面对环境和竞争压力）。

在许多大公司，尤其是那些相对多元化的企业，核心竞争力可以有效地开发和应用通过不同的组织单位。百事公司，例如，买了桂格燕麦佳得乐，运动饮料。百事公司使用其分布系统利用桂格有利的竞争力的资源。百事饮料（百事可乐和激浪等）与Galorade分享物流活动，例如。百事公司使用这种竞争分发桂格健康的零食和咸的小吃在同一频道。

2003年,百事公司推出了心脏和红颜知己支持网络提供有营养的食物来促进其纯果乐和桂格麦片产品。

为了在竞争中保持领先,企业必须不断发展,甚至改变他们的核心竞争力。如果他们有竞争力,也就是一种优势,但是不能改变,竞争对手最终会模仿这个竞争力,从而减少或降低企业的竞争优势。此外,公司必须阻止竞争力成为一个负担,从而防止发生变化。如果发生这种情况,竞争对手最终将发展一个更有价值的竞争力,降低企业的竞争优势,获得市场份额。许多核心竞争力的形成需要高质量的人力资本。

2. 发展人力资本和社会资本

人力资本指的是知识和技能的一个公司的整体的劳动力。从人力资本的角度来看,员工被视为资本资源,需要投资。人力资源管理实践有助于人们成功地制定和实施战略的能力。

人力资本是很重要的在所有大小,建立新的或类型的组织。例如,当风险投资家考虑是否投资于一个创新的企业,其中一个主要动机是包括人力资本的质量。事实上,这将比质量一样重要,甚至更重要的创新机会。

战略领导者必须拥有必要的技能发展人力资本在区域的责任。当人力资本投资成功,结果是员工持续学习的能力。持续学习和平衡企业的扩大的基础知识都与战略的成功。学习也消除了错误。战略领导者更有可能从他们的失败,而不是成功,因为有时他们成功做出了贡献。重要的是要学习成功和失败。

学习和构建知识创新在企业中是很重要的。公司创建和维护更多的知识经常获得和维持竞争优势。然而,随着核心竞争力指出,战略领导者必须防止近视,来自在一个领域高水平的知识和机会忽视其他重要业务领域的知识发展。

社会资本包括内部和外部的关系,帮助企业完成其任务和为客户和股东创造价值。为企业、社会资本是一个关键的资本。在企业内部,员工和业务部门必须共同努力完成工作。在跨国组织中,不同的企业部门常常相互合作的研究和开发活动来获得期望的结果(如新产品)。

(三)维持有效的组织文化

组织文化包括一套意识形态、符号,通过整个公司共享的核心价值观,影响其业务的执行。有证据表明,一个公司可以采取战略行动发展核心竞争力的能力和使用这些功能。换句话说,组织文化是一个竞争优势的来源,因为它影响业务开展业务和如何帮助管理和控制员工的行为。因此,它是一个重要的战略领导的任务,形成一个公司制定的环境和实现策略(即形成组织文化)。

1. 建立鼓励创新的企业文化

一个组织文化经常鼓励(或阻碍)追求创业机会,尤其是在大公司。创业机会是一个增长和创新的重要来源。大公司如何利用战略企业家追求创业机会和获得先发优势。中型和小型企业也依靠战略企业家,他们试图创新利润增长。在所有类型的大型和小型企业战略创新创业是最可能成功的人当员工。

有五个方面确定一个公司的创业方向:自主、创新、风险承受能力、探索和积极的竞争。

(1)自主性是创业导向的五个方面之一,它使员工摆脱组织的约束,采取行动,使个人和群体具有自我导向。

(2)创新反映公司倾向于雇佣的程度和支持新思想的发展、发明、实验和创造性的过程,导致新产品、服务或技术过程。创新型文化鼓励员工超越现有技术、知识和参数,努力找到创造性的方法来增加价值。

(3)风险容忍度是指风险,员工和他们的公司愿意当寻求市场机会。这些风险可能包括投资大量的资金和资源(如人力资源)分配项目上的成功是不确定的。

(4)创业取向是探索性的第四个方面,描述了一个公司的能力成为市场的领导者,而不是一个追随者。一个探索性的企业文化总是预计未来市场竞争对手做之前需要并满足他们。

(5)竞争的挑战是一个公司的能力采取行动保持一致,大大领先于竞争对手。

2. 改变组织的文化和企业重构

当当前组织文化不能适应战略需求,有必要改变组织文化。有效的战略领导意识到变化是必要的。

在实施一项战略时,企业文化通常会略有变化。然而,当公司选择实现完全不同的策略,更重要的,甚至激烈的文化变革是必要的。无论什么原因改变,新的文化形成,加强有效的沟通和解决问题的能力,选择合适的人(有企业所需要的价值观的人),有效的绩效评估,设定目标,衡量个人的绩效,适应新文化以达到目标)和适当的奖励制度(对奖励的期望,这些核心价值观反映了新的行为)支持。

文化改变才会成功如果支持的战略是公司总裁,其他高级管理团队成员和中层管理人员。影响这种变化,有特别需要严格的培训中层管理人员来刺激企业文化和发展战略高度相关的功能。

第五节 营销战略控制与审计

营销战略是一个过程,在一个特定的环境中制定和实施战略目标。由于不确定性和动态特性的营销环境、目标、战略和组织决策计划制定的前提条件,因而也就丧失了功能。因此,在营销策略实施过程中必然会出现的控制问题。

一、营销战略控制与审计的作用和内容

营销控制意味着营销经理需要一系列的行动,使实际的营销工作尽可能一致的与原来的计划。控制,营销策略不断修订通过持续的审查和信息反馈。营销审计是组织的一个重要工具来控制市场。营销战略审计组织是一个全面、系统的营销战略环境的独立和定期检查,目标、组织、方法和程序,以识别困难,问题和细分机会,并提出行动计划改善营销策略管理的效果。

(一)营销战略控制的作用和内容

广义营销策略控制功能有两个:一是确保任务的选择,正确的方向前进。第二,确保正确的任务和方向可以有效地实施。

营销战略控制的主要内容包括:

(1)设置营销策略的业绩标准管理作为营销策略的参考系统的控制和评估。

(2)营销策略性能监控和偏差的评估。

(3)设计和采取纠正措施以适应营销环境的变化,确保营销策略的成功实施。

(4)监控的关键营销策略取决于外部因素。这些关键的外部因素的变化意味着决策的先决条件的变化,必须充分注意。

(5)为了确保营销战略控制的有效性,有必要激励营销策略的执行器控制和评价和调动他们的热情在控制和评价。因此,它是必要的激励控制和评估。

(二)营销战略审计的作用和范围

营销审计的概念被科特勒提出,威廉·格雷戈尔和其他人,但营销审计方法可以追溯到20世纪50年代初。一些美国企业开始使用审计方法检查营销性能。在20世纪60年代,补充和完善了营销审计管理咨询公司的营销服务业务。直到20世纪70年代,营销审计方法逐步渗透到企业管理的意识。

在审计时,人们自然会联想到"财务审计"。事实上,传统的财务审计往往关注的是结果,而营销审计的重点是"结果"的原因。因此,从这个角度来看,营销战略审计显得更加重要。与此同时,由于综合和整体营销策略活动的本质,单一部门审计影响不大,营销战略环境有更大的不确定性,和"因果链"是复杂的,确定营销策略审计是最困难的审计活动组织。营销战略审计对营销管理人员的要求很高,组织往往缺乏人才,因此,在营销战略审计工作中仍然空白,例如,几年前,中国的企业"营销",有时企业战略效率很高,但效益不理想,营销成本高,坏账率高,缺乏对营销战略的定期定量审计,市场危机隐藏,削弱了规划的影响,更不用说计划的好处。这表明当企业理解财务审计,他们应该采取的营销策略审计战略工作,注重营销策略绩效审计进行财务审计,并使营销战略审计制度化、程序化、标准化和科学。

进入20世纪70年代,许多美国企业,特别是一些跨国公司,从只关注利润和效率越

来越发达，全面检查他们的业务战略，年度计划和营销组织和管理，旨在提高他们的业务管理和扩大他们的市场营销更有效的结果。他们逐步扩大检查范围的营销活动，包括客户定位、营销组织、营销信息、战略控制和操作效率，等等。与此同时，他们制定具体检验要求，检验标准和采用评分的方法评估。自那时以来，营销审计已成为成熟而逐步发展。工业和商业企业认为这是一个有效的工具来提高营销管理水平，确保销售目标的实现，特别是营销效益目标，因此添加一个营销管理领域的新篇章。

营销战略审计，包括战略业务的明确性和可行性项目的指导方针，公司的整体目标和营销目标是否准确地反映组织的当前功能，市场机会和地位，是否能指导组织的战略的实施和审查。

二、营销战略控制的方法

（一）年度计划控制

任何业务需要制定年度计划。然而，年度营销计划的实施是否能实现预期的结果取决于控制工作。所谓的年度计划控制意味着企业需要控制步骤检查是否有实际表现和计划之间的偏差，并采取改进措施，确保实现和完成营销计划。许多企业每年计划非常精致，但执行结果往往有一定的差距。事实上，计划的结果不仅取决于计划是否正确，还有效地执行计划和控制。可见，制定年度计划将生效后，做好控制工作也是一项极其重要的任务。

研究发现 5-3

年度控制计划主要内容

业务经理可以使用五性能工具检查年度计划的成就目标：销售分析、市场份额分析、营销费用销售比率分析、财务分析、跟踪客户的态度。

1. 销售分析

销售分析是用来衡量和评估计划销售目标和实际销售之间的关系由经理。有两种主要的方法来衡量和评估这种关系。

（1）销售差异分析。销售差异分析是用来确定不同因素对销售业绩的影响不同。例如，假设4000年产品的年度销售计划要求在第一季度1元单位，即。销售额4000元。在季度末，只卖出了3000台每单位0.80元，或在实际销售2400元。所以销售业绩的差异 –1600元，或预期的销售额的 –40%。问题是，有多少性能的下降是由于价格下跌？销售下降是主要原因吗？我们可以用下面的回答这个问题的计算：

因价格下降的差异 =（1–0.8）×3 000=600 　　　37.5%

因数量下降的差异 =1×（4 000–3 000）=1 000 　　　62.5%

正如你所看到的，大约三分之二的销售差异是由于未能达到预期的销售数量。以来销量通常比价格更容易控制，企业应仔细检查他们为什么不能满足预期的销量。

（2）微观销售分析。微观销售分析可以确定特定产品、地区等。假设企业在三个地区销售，其预计销售500元，500元，000元，总共000元。实际销售额1400元，分别为525元和1075元。预期的销售，有7%在第一个地区优秀；在第二个区域有超过5%；第三区未余额的46%。主要的问题显然是在第三区域。在第三区域表现不佳的原因如下：首先，该地区销售代表不努力工作或个人问题；其次，主要竞争对手进入该地区；第三，该地区居民的收入下降。

2. 市场占有率分析

一个企业的销售业绩并不能反映如何相对于其竞争对手。如果公司的销售增加，这可能是由于整体经济环境发展的公司所在地，或可能是因为其营销工作相对比竞争对手的更好。市场份额是消除一般环境影响审查企业的操作条件。如果一个公司的市场份额的增加，它比竞争对手的更好。如果它下跌，它表明相对于竞争对手的表现。有四个特定的市场份额分析方法。

（1）总市场份额可以表示为一个企业的行业销售总额的百分比。使用这种方法，必须两个决定。第一个是表达的单位销售或市场份额的销售。二是正确识别行业的范围，也就是说，澄清该行业应该包括产品、市场等。

（2）服务市场份额可以表示为一个百分比的总销售额的企业。市场的企业是指所有的买家能够并且愿意购买其产品。服务市场份额的企业通常是低于其总市场份额。一个企业可以捕捉服务市场的100%，但只有总数的一小部分市场。为企业的第一步是获得最大的市场份额在市场上它，然后它通过添加新产品，扩大市场和地区。

（3）三大竞争对手的市场份额可以表示为一个百分比的总销售额的三个最大的竞争对手。如果一个企业占有30%的市场份额和三大竞争对手的市场份额是20%，分别为10%和30%，企业的相对市场份额是75%（30/40）。一般来说，相对市场份额33%以上被认为是强大的。

（4）市场份额相对市场领导者竞争对手可以表示为一个百分比的销售市场领导者的销售。相对市场份额超过100%，这表明企业是市场的领导者；相对市场份额=100%，表明企业和市场领导者竞争对手都是市场领导者。相对市场份额的增加表明公司正接近市场主要竞争对手。

3. 分析营销费用的比例来销售

年度计划控制也需要检查营销费用与销售确定费用由企业在达到销售目标。营销费用主要检查销售比率。营销经理的工作是照看这些比率是否失控。当一个费用是先控制与销售，必须仔细确认。

4. 财务分析

营销经理应该进行全面的财务分析销售比其他比率不同费用为了确定，业务如何开展其活动来实现盈利。特别是，财务分析是用来确定各种因素影响一个企业的净资产收益率。

5. 跟踪客户的态度

公司通常使用以下系统跟踪客户态度。

（1）系统投诉和建议。公司应该记录、分析和应对客户的书面或口头抱怨。不同的投诉应该分析和分组到卡片。更严重和频繁的投诉应该早期关注。企业应该鼓励顾客提出批评和建议，以便客户有机会表达他们的意见。通过这种方式，完整的信息对客户反应可以收集该公司的产品和服务。

（2）固定客户样品。一些企业已经建立了一个固定的样本代表客户，他们的态度经常理解电话采访或邮件问卷。这种做法有时更具代表性的变化投诉和建议客户的态度和他们的分布系统。

（3）客户调查。公司经常让一群随机客户回答一组标准化的问卷，包括员工的态度、服务质量等等。通过这些调查问卷的分析，企业可以及时发现问题，并及时纠正。

（二）盈利能力控制

除了年度计划控制、企业还需要使用控制来确定不同的产品的盈利能力，盈利能力不同的销售区域，不同的客户群，不同渠道和不同大小的顺序。信息获得的利润控制可以帮助管理者决定是否应扩大各种产品或营销活动，减少或消除。

1. 市场营销成本

在考虑企业的盈利能力，我们应该从营销成本的分析开始，因为营销成本直接决定了企业的利润。一般来说，一个企业的营销成本包括下列事项：直接营销费用，包括工资、奖金、旅行费用、培训费用、社会费用，等；促销费用，包括广告媒体成本，产品手册印刷成本、额外成本、展览成本、促销人员工资，等；仓储费用，包括租金、维护、折旧、保险、包装、库存成本等。运输费用，包括运输费用。对于自有运输工具、折旧、维修、燃料、牌照税，保险，司机的工资等。其他的营销费用，包括营销管理人员工资、办公费用等。

上面的成本与企业的生产成本构成企业的总成本，直接影响企业的经济效益。盈利是任何业务最重要的目标之一。企业盈利能力一直是营销经理的高度重视，因此盈利能力控制营销策略管理占有非常重要的地位。

2. 战略利润模型

一个企业的财务状况不能以单一指数衡量，但必须衡量财务指标的结合。财务指标的组合包括以下四个方面：流动比率、资产效率比率、盈利能力比率和杠杆比率。战略利润模型结合了所有四个（如图5-6）。

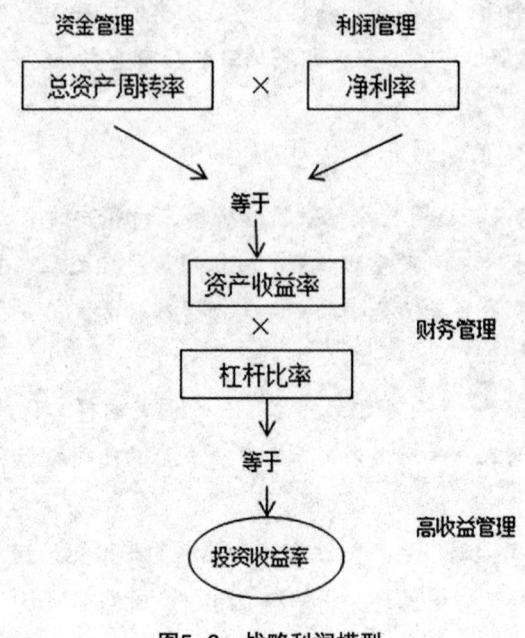

图5-6 战略利润模型

其中， 总资产周转率＝销货收入／总资产

资产收益率＝净收益／总资产

净利率＝净收益／销货收入

杠杆比率＝资产总额／资产净值

投资收益率＝净利润／资产净值

战略盈利模式有四个重要的管理使用。首先，该模型强调，该公司主要的财务目标是获得足够高和有针对性的投资回报。其次，该模型定义了三个"盈利路径"，企业可以采取，即加速资产周转率，提高净利率或深化杠杆。假设是未来资本流动将足以支付借款。第三，理想情况下，模型描述了决策策略在公司的主要领域，即资本管理、利润管理和财务管理。此外，相互关联的资本、利润和财务计划在公司被认为有效地促进管理业务的效率高。第四，模型提供了一个非常有用的视角评估金融战略，不同的组织可以采用ROI实现他们的目标。

（三）效率控制

如果盈利能力分析表明，公司利润不佳使得产品、地区或市场，然后下一个问题是是否有一个有效的方式来管理销售人员、广告、促销和分销。即营销操作也分析的效率。

1. 销售人员效率控制

为企业控制销售人员的效率，每个地区的销售经理应该记录的几个关键指标在该地区销售人员的效率。这些指标包括：平均每天每个销售人员的销售拜访数量；平均访问时间每次会议；每销售访问平均收入；每个销售访问的平均成本；每个销售拜访的托管费用；订单的比例每几百销售拜访；每个时期的新客户数量；原来的客户数在每个时期；销售成本占总销售额的比例。

2. 广告效率控制

为了控制广告效率，企业应至少以下统计：广告费用每千买家每个媒体类型和每一个媒体工具；注意、关联和阅读每种媒体工具的客户比例；客户的意见广告的内容和效果；测量产品广告之前和之后的态度；调查促使广告的数量。

3. 促销效率控制

为了提高促销活动的效率，企业还需要开展促销效率控制。因此，管理层应该记录的成本每个促销和销售的影响，关注以下统计：显示每销售成本；回收的优惠券的比例；由于演示数量的调查。

4. 分销效率

分配效率主要是分析和提高库存水平，仓库位置和交通模式，以找到最好的运输模式和方法。

（四）建立平衡的组织控制——平衡记分卡的使用

控制可以帮助领导人建立信誉，展示组织的价值，促进和支持战略的变化。最重要的是，控制提供参数实现策略和采取纠正措施的调整是必要的。组织控制强调战略和财务控制，因为战略领导人负责的开发和有效利用这些控件。

组织控制，虽然一个公司的成功的关键，是令人不满意的。这样未能控制，例如，可以对公司的声誉造成负面影响，可以分散管理人员采取的行动需要一个有效的战略管理过程。

财务控制侧重于短期财务结果。相比之下，战略控制重点关注战略行动而不是结果的内容。一些战略行动可能是对的，但是财务结果仍然可以因为经济衰退等外部条件，意想不到的国内外政府行为，或自然灾害。因此，强调财务控制可以导致更多的短期和规避风险的管理决策，财务业绩可能源于事件超出了经理的直接控制。此外，战略控制鼓励下级管理者决策与小或中等风险。因为结果是由业务级管理者的共同决定发展战略和企业层面的管理者评估建议。

一个原因很多管理者很难设计出一套适合他们的组织的绩效指标，许多指标，虽然很有用，但并不反映组织的全貌。此外，许多指标是定性的。如果需要量化绩效评估，它可能落入错误的用财务指标取代性能指标。平衡计分卡更好解决这个问题（例如，研究发现5-4）。

研究发现 5-4

平衡记分卡

平衡记分卡，叫综合记分卡，结合了定性与定量两种标准，并考虑到不同的利益相关方的不同期望，根据战略选择制定相关的业绩评估指标。

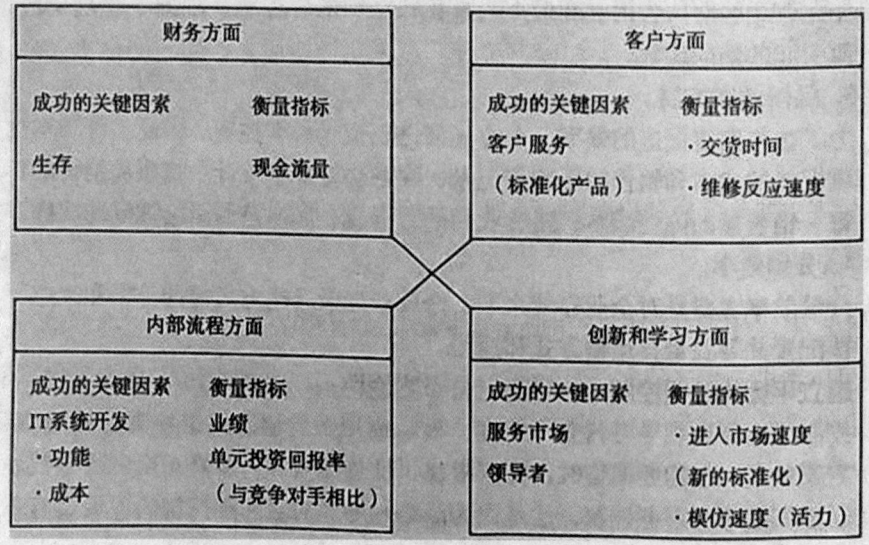

图5-7 平衡记分卡基本框架

重要的是，有关的性能不仅是短期输出，而且相关的流程管理的方式。例如，创新的过程和学习机制产生重要影响一个组织的长远发展。

业主/经理的财务目标是有足够的现金流（在工厂初始投资之后，设备和库存），使公司生存；客户服务的竞争策略是，交付和售后——需要核心能力在订单处理和维护调度要求公司的IT系统支持。这个核心能力可以模仿，所以服务水平的持续改进是成功的关键。

三、营销战略审计方法

（一）营销战略审计的内容

1. 制定营销战略的基础和前提审查

组织应该建立营销策略的基础上，全面了解目标，市场环境、竞争对手和内部资源管理集成能力，从而达到一个动态平衡的营销目标，营销环境和组织资源管理集成能力。这是营销战略审计的基础。

（1）市场战略目标的评审。营销战略目标必须符合市场经济规律，满足消费者的需求和保持和谐与市场的变化趋势,并维持一个平衡与内部组织的资源和操作能力。营销战略目标反映了正常操作所需的整个营销过程的各个环节全面,并克服单个或参加的倾向,失去另一个。需要优先的营销目标。

(2)市场机会分析和评审。分析阐明市场需要吗?谁是需求者?他们需要这个产品或服务什么?他们愿意花多少钱来满足他们的需求?找出市场的容量,它可以确保企业在不久的,媒介获得的最低利润是多少?公司未来会有市场机会吗?明确产品的企业之间的关系和相邻的产品。推导关系,即来自于最终产品的中间产品需求;互补的竞争是什么?即两个或两个以上的产品在一个因果关系,和两个产品可以替代函数。有多大影响这些关系对产品销售吗?

(3)竞争对手相关情况的审查。①生产规模、地理位置、竞争对手营销策略和质量和运营商集团的决策风格;②竞争对手的市场地位,包括目标市场、销售和增长,市场份额,市场覆盖率;③竞争对手的销售系统,包括市场营销组织、人员组成、产品分布强度,分销渠道组合、销售网络布局,每个循环之间的差价链接,每个代理的态度,销售服务内容、服务网络;④竞争对手的促销活动,包括营销策略、促销、广告等。⑤竞争对手的财务状况,包括产品成本的构成和竞争对手的价格,企业资本的来源和占领首都;⑥企业、经济指标、信贷和融资能力;⑦技术质量和管理质量的竞争对手;⑧自然资源的竞争对手的情况,原材料的供应渠道和原材料的负担能力;⑨潜在竞争对手的相对情。

(4)内部资源审查。审查内部资源的目的是为了充分了解企业的优势和劣势,这样企业可以提高其优点,避免其缺点。评审包括:①评估产品的竞争力。通过与竞争对手的产品比较,评估产品的优点和缺点就质量而言,技术水平,功能,价格和服务能力,以确定组织的追赶目标;根据用户的要求,评估的程度的产品满足用户的要求,以确定产品改进的方向。评估产品的贡献对公司的利润和对公司的总利润的影响;评估产品的前景和风险。配置和优化组织资源。②员工素质评价。质量和工作态度的员工决定企业的兴衰很大程度上。③内部物质条件评价。是评价企业营销活动的物质基础,包括该公司的生产能力、技术水平,原材料的来源,信用能力、物流配送能力和信息敏感度。通过这些评价,明确组织营销战略管理要做什么,不能做什么。

(5)组织优势和劣势审查。营销策略的关键是建立企业的竞争优势。这是在前一节中解释。

2. 营销战略类型审查

(1)市场份额增长战略审查。采用这种策略的目的是改变企业的市场地位,扩大其市场份额的有效和持续。企业试图改变他们的疲软的市场地位与行业平均水平时,从平均水平或企业试图提升自己在一定的市场领先地位。

研究发现 5-5

审查市场份额增长型战略主要标准

一般来说，市场份额增长企业采用的营销策略发生在产品市场发展阶段。此时，必须满足下列条件为企业采取这样的策略：

（1）需要大量投资。也就是说，产品和市场发展，企业需要投入大量增加他们的市场份额。

（2）企业必须预测到竞争位置不断变化的结果。为了扩大市场份额，企业在业界不断增加投资，导致原始竞争地位的变化。有些人可能会从一个弱势的地位上升到一个强大的，和一些可能会下降。

（3）竞争的重点转移到何处？其他公司高管也知道这一点。在这个阶段，企业应适应市场的不同需求，确定竞争的焦点，建立企业的优势。

（4）企业具有高度的开拓精神，这是制约企业发展阶段的关键环节之一，因为以上三个条件都只是企业在发展阶段竞争的一般原则，原则在企业营销行为中起到一定的引导作用，还取决于企业自身独特的创造力，以及时机把握，形成紧迫感。

（2）发展战略审查。发展战略的目的是保持企业的竞争优势的情况下快速发展的市场。一般来说，这种策略发生在产品市场的增长阶段。在这一阶段，市场增长从慢到快，然后逐渐趋于温和，竞争更加激烈。此时，发展战略一般表现为两个相同的主要特点：一是该公司应获得适合市场发展的资源。企业金融资本，扩大销售渠道，维持当前的竞争地位。第二，当市场增长放缓，竞争变得更加激烈，企业采用这些新的和更强大的竞争手段，促进市场增长为了有效地竞争。

（3）利润战略审查。利润策略的目的是最大化公司的现有资源和经济效益。一般来说，这种策略主要发生在产品市场发展的成熟阶段。在这个阶段，市场增长变得缓慢，竞争是相对稳定的。这时，策略的特点是追求最大盈利能力以获得最大利润。

研究发现 5-6

审查利润战略主要标准

具体审查应进一步指出，随着产品市场的成熟，公司的战略重点应该从市场发展和进入资本市场分割和资产利用率。

（1）为了更好地适应市场需求，企业应调整和合理分配现有资源。

（2）密切关注企业的营销环境的变化，从而提出行动计划企业的进一步发展。

（3）确定合理的利润水平。因为战略是面向未来的，当考虑和决定一个企业的经营战略是否好，应该关注相对市场份额，价格竞争力，产品和服务质量、营销效率和效益，等等。

（4）资本削减战略的回顾。这种策略的目的是重新生产经营的规模和水平的资本，以提高企业的短期利益和长期利益。一般而言，这一策略时，产品市场的成熟或开始下降。公司采用这种策略为了适当地减少经营的规模，减少投资和战略关注细分市场最大的优势。这一战略的具体实施应考虑企业的销量之间的关系和行业领先企业的销量。如果比例超过15%，该公司可能采用集中市场战略和调整相应的投资水平。如果销售的比例低于5%，该公司应该大幅减少资本和市场集中在一定范围内，以防止同行攻击。同时，专注于及时攻击。如果仍有许多困难在这一过程中，公司应该清理行动并准备退出市场。

（5）变更战略评审。这种策略的目的是预防和逆转的衰落企业尽快。在决定是否采用这个策略，企业应考虑两个问题：该公司仍可以在长期利润？如果是这样，在长期的价值大于清理业务的价值？检查公司的实施改变策略来确定业务的下降的原因。策略本身是无效的或者是一种执行方法，防止企业资源的持续损失；如果是战略本身的缺陷，一个新的战略计划应该保护必要的资源实施的新战略。在制定新战略时要考虑企业现有资源、价格、成本构成以及企业当前的盈亏平衡，如果企业成本高，或者成本高，固定成本高，或者盈亏平衡点比较接近，企业在短期内控制成本降低是可能的，企业应采取短期战略降低成本。在这种情况下，短期成本降低策略将会比收入增长更快的影响策略。企业的直接成本较低，或固定成本较低，或企业远离盈亏平衡点，企业不可能通过降低成本达到新的盈亏平衡点，企业应考虑采取增收减资的战略。在审查期间，值得注意的是，不管企业采用什么类型的转换策略，企业应充分利用现有资源和大力支持业务活动将产生资本收益在短期。

（6）系列管理和多元化管理战略的回顾。系列管理是专业领域的业务扩展，增加销售。企业不生产和销售单一产品，但详细的规划和设计两个或两个以上的单个产品组合成一个系列产品，这样一系列的产品附加值远远大于单一产品。因此，单个产品和系列产品齐头并进，是一种很有前途的方法。多角度的产品的范围不应过于宽泛，多角度产品知识和人才必须设备齐全；多角的市场开发产品应该有一定的潜力。

（7）退出市场战略审查。这种策略的目的是公司应该恢复时尽可能多的钱小心地退出市场。成功退出市场，公司通常可以采取两种方法：①从市场退出过程再次挤压公司，尽可能恢复的一些资本。②清理公司或停止的操作手段，早期退出市场。该公司选择什么？如果一家公司采用紧缩策略，它可以做三件事：削减开支，降低成本，减少资本和产品。通过这种方式，如果企业使用敏感性分析方法和可变成本分析方法，它通常可以识别的领域可以减少费用和成本，并识别潜在的地区削减资金。至于企业想要区分削减产品对象，可以通过总成本进行分配的方法。如果一个产品被确认为是削减的对象，企业应该做出最后努力挽救。这是更适合可控固定成本较高的产品，但对固定成本较低的产品更加困难。

第六章 市场营销与战略管理案例分析

第一节 市场营销案例分析

人人网"精准到人"的社交广告模式创新

（一）背景简介

1. 互联网广告市场介绍

最近，互联网广告市场正在蓬勃发展。根据中国互联网广告的核心数据，2012年中国网络广告市场规模达到753.1亿元，比上年增长46.8%，整个广告行业。独立的在线社区的广告份额（包括社交网站）达到近20%，成为增长最快的部分。电子书2011年的用户、8.45亿的订户已经达到10亿（2013年），营业额37.1亿美元（其中85%是广告，其余的游戏等），净利润10亿美元的收入，创造了网络营销新的市场格局，但与谷歌相比，广告收入在创意、转化率方面比80多美元仍有很大的空间。

2. 人人网的发展历史

人人网的定位是一个互动交流平台，在中国最真实和有效的社会平台。加入人人网，找到老朋友，结交新朋友。"成立于2005年，原名"校内网"，它是中国最早的校园社交网络平台。2006年10月20日，被千橡集团收购。2009年4月20日，校内网正式更名为人人网。2009年7月，人人网宣布开放的应用平台。2009年10月，精准广告平台。它在纽约证券交易所上市2011年5月。2011年9月，收购56视频。2012年，人人网已拥有超过2亿的用户，其年度总营收为1.761亿美元，包括5380万美元的在线广告，和其他增值服务和第三方共享。

（二）传统广告之困

作为中国领先的社交网站，人人网需要商业回报。然而，传统的广告形式（横幅广告图片显示在标题和右边的图片广告）遇到了一些问题。广告效果不明显，由于存在大量的点击广告作为评估的标准：

1. 较难引起用户的兴趣

在人人网，用户主要是相互作用和相互通信很长一段时间，但他们有明确的目标和集中注意力的。与目标搜索的搜索引擎和综合门户网站的浏览，相同的文字链接或图片广告得到的关注更少，低的点击率在社交网站。即使是人人网的内部产品人员对广告空间，因为如果广告内容不符合观众的利益，它会干扰用户的正常使用和遭受投诉。

2. 资源紧张，配置不合理

对于社交网站可用的广告空间有限，在传统的基于时间的收费模式下，当多个广告商需要在同一时间段投放广告时，流量将会紧张，注意力将会转移，使得所有广告商难以同时满足规定时间段内总曝光量的要求。有时候，只有一个广告和广告反复显示，导致审美疲劳的观众和废弃物潜在的交通。人人网的广告销售人员需要更多的资源和更合理的机制来满足市场的需求。

3. 缺乏社交网络特色

社交网站是基于核心关系，优势在信息共享和传播。传统的广告形式，主要展出，缺乏交互元素。当观众看到它，信息链将结束，它不进入网络的关系，所以很难形成口碑效应就像热点新闻。广告商期望取得突破。

（三）人人网的创新思路

为了解决面临的问题人人网的广告，有必要结合社交网站的特点，充分发挥优势，也就是说，用户信息的真实性和可靠性，以关系为中心的交互模式创新。

1. 广告投放精准化

营销界有一个说：50%的广告收入都是浪费，但你不知道这50%。传统广告是如此复杂和一般的传播仍然是盲目的。他们忽略了不同背景、经济条件和不同用户的利益，很难满足不同企业、目标群体和产品促销计划。提高了精准广告的需求，即从受众的传播、受众的行为、生活方式，了解用户的需求，思考与受众的接触点和最有效的沟通渠道，最终在最精准的广告内容中到达受众，减少由于目标用户选择带来信息的大范围而造成的浪费。结果社交网站用户信息比传统网站更加真实，通过建立数据库、数据挖掘和分析，可以准确分析用户的需求，支持有针对性的传递，根据个人喜好，推动其广告成为内容的一部分不会引起用户的反感，提高点击率和覆盖率，提高广告效果。例如，与此同时，女性在她的大四学生留学的计划和一个男同学喜欢游戏在他大一所有同一页面浏览人人网。女学生认为出国留学的广告，而男同学看到广告的最新游戏。你可以想象，他们各自的广告内容得到关注的可能性会大大增加，不会干扰他们对网站的正常使用，但是如果没有有效的细分和精准的定位，相信两人对对方的广告兴趣不大，这样就避免了广告投资的浪费，通过吸引准确的广告来实现广告的精准。

当用户精细划分，因为广告商的目标群体是不同的，广告受众和广告客户之间的关系是多对多的，所以绝对不可能预测广告的外观。这一次，可以引入匹配竞争规则，即在社交网站上，每个用户是最基本的单元，每次用户浏览，后台都会选择广告，根据所有广告主的需求，从定位的聚合度、竞标的竞争力、历史广告喜好等诸多因素进行评价，最终选择的应该是广告的网站，那些强大的购买力，并由广告商青睐，通过竞争，各流量的广告曝光成本将高于平均价格，从而有效地提高流量收入。同样，一些用户吸引广告少，这有利于企业降低成本赢得广告曝光，达到宣传效果。因此，交通资源配置可以有效地根据市场的需求，从而达到多赢在用户，广告商和人人网，实现准确的匹配。

投放和匹配需要精确，扩大广告客户的范围，降低广告的门槛，要求准确记录每次曝光的时间和成本，实时计费和点数，所以还需要建立一个便于广告管理的广告系统，对广告管理的精度进行监控。

2. 广告的社交化

传统的网站，当用户搜索结果视图，浏览广告，完成信息的传播。社交网站是基于真实性和关系，及其重要价值是传递信息通过可靠的关系，形成口碑效应。与传统的"推送"广告形式相比，提供了社交网站的互动元素，可以与广告融合在一起，不容易引起用户的反感，提高了用户的参与度，同时建立了二级传播链接，引导用户点击和分享，利用人们之间的影响关系，加强了传播的广度、速度，带来了更多的展示和点击，社交广告传播。

（四）付诸实践

人人网将采取的模型准确的广告大部分页面广告，和提供社会准确为各种各样的广告，广告服务根据用户的分析和准确的"人"。新的广告模式，通过指定目标用户，广告商购买预期的曝光或点击，参与竞价，当用户浏览网页时，在相关广告的指定位置，可以通过"分享"和"喜欢"的二次传输，以实际广告数据的交互形式每千页浏览量（CPM）或每千页浏览量（CPC）计费的两种方式之一。链接广告与用户兴趣的目标是帮助广告主同时与许多消费者直接交互，由此产生一个巨大的口碑效应。与此同时，它可以增加广告营销的好处和人人网的媒体价值最大化。

1. 建立完善的广告系统

社交网站的精确的广告模式是相对复杂的，需要建立一个完整的系统。涉及的角色用户，广告商和后台管理员。模块包括业务系统、广告引擎、算法、数据系统、点击、和计费。

与此同时，人人网提供了一个可视化的管理平台。支持广告使广告本身，选择发布集团管理账户和查询结果，不仅可以节省运营成本，但也赢得的信任广告商在透明的过程，最后赢得更多的广告商的参与。

2. 创新广告表现形式

将传统的文字、图片、flash、视频广告、首页、游戏、日志、图片等广告增加互动元素，包括"喜欢"、"分享"、"参与"、"评估"、"转发"、"关联"等，这些信息在广告中，经过用户选择后，对后续传播产生影响。如果用户单击"共享"，可以快速地信息发送到消息，或可选的朋友分享列表。用户点击"赞"，广告内容中的"赞"数为"＋1"，容易产生口碑效益,增加广告的知名度,同时提高广告的满意度得分,增加与具有相同条件的其他广告竞争的曝光机会。"喜欢"也将记录在用户行为。如果一个用户"喜欢"英语学习广告,把相同类型的广告的概率将增加在未来。这种点击进行扣除费用,消费,达到真正的效果。

人人网的内部跟踪案例显示,同一位置有社交元素的同幅图片广告的点击率比没有社交元素的广告增加了8%,后续传播的影响也是不可估量的:分享后会产生基于关系的多重曝光,评价后会产生对其他用户的口碑。社会交流的交互元素把广告变成可以参与的活动信息,哪个更符合社交媒体的通信规则。其效果是肯定和欢迎用户和广告商,并最终提高广告的点击率,提高媒体的收入的前提下不断的交通。

3. 进行精准的人群定向

在新模型中,人人网的精确的个人信息和行为将收集、挖掘和动态分析。人人网社交网站的代表,准确的分析用户行为有着天然的优势。

在信息来源方面,有四个主要类型:

(1)注册信息,包括真正的性别、年龄、地区、教育、学校、职业、公司和其他信息,80%的用户性别和地区填写。与其他类型的注册信息相比,在社交网站上的用户信息真实性更高。

(2)分析用户的关系网络,包括粉丝的数量,他们属于圆滑程度的演讲活动,转发的数量等,并构建社交网络的图。在关键点意见领袖,在广告沟通有很强的影响力,广告的效果更好,效率更高,所以这些群体的广告价值更大。

(3)对用户发布的信息进行语义分析,包括他们评论和分享的内容,以及其中提到的感兴趣的词语,如"我想吃火锅",其中"吃"和"火锅"是用户在这段时间内的所有信息偏好。积极地传播这些内容用户可以更好地反映用户的注意。通过提取这些关键词,分类和标签的用户。

(4)使用cookie技术来收集用户的行为,如经常访问的网站。

不管怎样,这些数据进行分析和分类对用户进行分类,即潜在消费者,分成组具有类似行为或要求根据不同的标准,如表6-1所示。

表6-1 用户属性分析示意表

属性	划分标准
人口	性别、年龄、收入、职业、教育程度、所在学校或公司、所在院系
地理	出生地、所在地
心理	心理需求、生活方式、个性特点、兴趣爱好
行为	购买动机、对产品的态度、使用状态
影响力	好友数量、评论数量、共享活跃度等
关键词	广告主自行输入(如洋酒、路易·威登、人头马、夜店等)

准确的广告部门将使每个广告成为广告的核心资源，划分消费者团体必须有一定程度的分散，广告商可以识别市场，能产生一种独特的响应消息的广告。分段受众覆盖整个网站，使每个用户参与广告，以及被紧密相连，这就增加了收入的平台。

4. 运用科学的竞价和扣分机制

精准广告模型，利用社交网站的长尾效应，并提高网站的收入通过之间的多对多的匹配成功率广告商和广告用户。面对激烈竞争的广告资源，人人网采用CPM或共产党充电模式。为了防止恶意竞争，同时对每一个广告的实际收费显示或点击广告，不是广告主的报价，而是在此报价的基础上增加一个系统来计算单价，并与竞争对手的报价、之前的点击广告、广告的兼容性以及人群的兼容性。

5. 完善监控评价体系

准确的广告模式，社交网站不应限于暴露，但应进一步检测点击和随后的行为，监控每一步的转换从广告显示用户的最终购买或参与活动，进行有针对性的分析点击组。这包括分时、区域分割、人群细分和其他目标条件查看报告数量、点击量、转化率，就像每个广告的数量和分享数量。这些反馈信息已逐渐成为业内标准的参考价值，这是一个重要依据正确评估广告效果，还可以为接下来的广告促销策略提供经验。

如同其他媒体一样，社交网站的广告收入是每个在线计费广告的扣分金额总和。。在品牌价值，用户的访问媒体的习惯、广告、媒体，比如将一个偏好因素不是控制，广告的数量相同的前提下，人人网广告创新的机制和模式，提高各种元素的值：条件下的用户数量，必须通过增加互动元素，推动用户积极的广告内容，导致二次传播的广告，通过口碑广告有效的交通流量增加质量；通过人群细分、准确定位、科学匹配、交叉覆盖手，提高广告的覆盖率；通过引入竞价机制，参与广告的门槛降低，并鼓励更多的广告商参与竞争。有价值的流量将追求市场，从而增加广告的平均点击价格。通过准确的位置、匹配与观众的广告，用户的积极参与和二次传播的推荐朋友，新广告模式更容易被用户接受和关注，这也可以提高广告的点击率。从网站的角度来看，广告的资源用于最大程度和商业价值最大化。

第二节 战略管理案例分析

华谊兄弟的产业链延展

（一）影院板块——华谊进军终端市场

这部电影已经成为华谊兄弟的相对稳定的业务部门。然而，该公司知道，虽然这部电影产品可以稳定的利润尽可能电影院线的终端市场是一个"大蛋糕",尤其是目前国内电影市场正变得越来越流行。王中军的话说,"毕竟,电影院线是稳定的现金流。华谊兄弟电影领域的战略布局是建立一个完整的产业链从生产、分销和终端投影。2010年6月24日,华谊兄弟开设了第一家电影院——重庆百联上海城电影院,这意味着华谊兄弟行计划的关键一步。今年7月,华谊兄弟在北京望京地区开设了电影旗舰店。《唐山大地震》的开幕式,20间工作室充分说明华谊兄弟的野心扩大影院。据华谊兄弟发行的超级基金使用计划,该公司将提高1.3亿元投资影院终端市场的建设。目前,华谊兄弟在中国建立了15个电影院,电影院业务将成为第四部分的业务后,三个主要的商业电影,电视剧和经纪公司。

通常,最后分配比例的电影的票房是:生产者、经销商和剧院——40:10:50,也就是说,华谊兄弟花很多钱拍电影,但只有40%的票房收入。电影制作的过程中,分布、广播,如果你掌握上游和下游市场,有更多的现金流,和没有应收账款,赚到更多的钱。王自然明白这一点。相比之下,上海电影和中国电影等竞争对手有一定的大小和数量的电影和电影资产,也是增加电影的投资建设城市。以中国电影集团为例,该集团计划投资7亿元在新装修的电影院在未来几年。从2007年到2011年,计划建造50影院控制或由公司全资拥有。因此,华谊兄弟在其招股说明书中宣布,计划投资1.3亿元建设6现代电影院在未来两年内,在未来五年内,计划投资建设大约15在全国院线上映。华谊兄弟的终端发展也是一个纵向扩张的电影产业从生产到分销和投影。下游电影业的发展可以为华谊兄弟带来新的收入和利润增长点,增强公司的抗风险能力。

2010年,华谊兄弟终于推出了自己的电影事业。2016年6月6日,华谊宣布上海第一百联华谊兄弟影剧院重庆城剧院于6月24日开业,是华谊兄弟提供投资项目之一,是全国第一个完整的3d厅,也是全国第一个具有多媒体互动的电影院厅,该剧院的开业对华谊具有非常重要的意义,这意味着华谊兄弟在电影界,从生产到销售的终端产业链逐步完成。利用开放的第一个电影院,华谊兄弟股票上涨了每日限制第二次上市于6月2日。6月8日,股价在2010年达到一个新的高度(经过修复的权利)。对此,市场也给予了华谊很高的评价:中国电影的潜在市场空间巨大,华谊在业内的票房市场份额排名第二,电视剧制作能力排名第二,艺人经纪业务排名行业第一。华谊兄弟传媒集团在中国作为唯一的媒体企业,有效整合的三个业务部门电影、电视和艺人经纪公司,是公司最完整的产业链和最丰富的影视资源。

华谊兄弟传媒集团和北京电影有限公司有限公司共同建立和最多的电影院的电影,在中国到目前为止,新电影联盟华谊兄弟电影北京华谊兄弟传媒集团的第一家影院,2010年7月22日开业,《唐山大地震》的首映。银幕数量高达20个,营业面积6000多平方米,拥有最高银幕,最先进的设备和技术和3d影院自动管理系统,拥有5个3d厅,3个商务厅,1个VIP,11个公共厅,可同时容纳1800人。

此外,华谊将设立国际超五星级电影制片厂在武汉黄陂南广场和工厂在哈尔滨文化产业示范区。

2010年7月13日，长沙北辰房地产开发有限公司牵手华谊兄弟传媒股份有限公司，正式签订北辰·滨江华谊兄弟影院合作协议书。根据协议，双方将花费一大笔钱来构建中国最大的旗舰电影院在北辰三角洲，营业面积000平方米，共有22个大厅。泰特超级豪华3号厅是电影院最大的亮点，拥有超大规模的IMAX屏幕，厅可容纳近600人观看，屏幕宽度可达24米，厅内还将是全国最大的IMAX屏幕之一——目前全国最大的IMAX屏幕是北京的一家电影院，可容纳400人。北辰三角洲华谊电影完成后，长沙居民将带来最大的IMAX冲击效应。易兄弟作为中国最大的民营媒体娱乐集团和中国a股市场的娱乐"第一波"，代表中国传媒产业发展的最高水平，与华谊兄弟公司合作打造长沙北辰，通过引入现代休闲娱乐，实现双方在领域的双赢合作，继续打造湖南长沙乃至中部地区最具特色的北辰三角洲项目。最具活力、最具吸引力的休闲娱乐的城市，积极推动湖南文化产业的发展。

王中磊表示，预计10华谊兄弟影院将于2010年完工，它加快了速度与华谊兄弟的初步计划。华谊兄弟电影院放映的短期发展目标业务是建立在两年内6电影院。

无论如何，从华谊兄弟第一次创办的百联剧场在上海城市剧场开业，王氏兄弟已经开始了"我的电影我决定"的梦想之旅，华谊电影产业链不仅是一个完整的过关斩将，精通制作、发行、展示一行，还为电影、电视剧、艺人、经纪、音乐、广告等整个产业链，也是一个完美的市场覆盖。接下来，华谊兄弟旨在关注网络合作机会，配合国内和海外市场的发展，开发终端销售市场，赢得更多的市场份额。

2013年初，华谊已在重庆北京、合肥、无锡、铜陵、武汉、黄陂、咸宁等地完成了影院建设，特别是在二、三线城市开拓了影院市场，顺应了下屋线发展的大势所趋，必将具有巨大的发展潜力和发展空间。

（二）音乐版块——亟待突破

音乐行业的第五部分是华谊兄弟传媒集团和华谊兄弟不可或缺的一部分，在构建一个完整的和巨大的娱乐产业链上。这部分由华谊兄弟音乐。2004年10月31日，华谊兄弟投资有限公司。战国时期音乐在新闻发布会上联合发表声明，两大品牌从此结成联盟，融合双方精英、艺术家、产品、优质资源、相互交流合作，打造亚洲娱乐市场顶尖品牌——华谊兄弟音乐有限公司。2004年11月1日，华谊兄弟投资3000万元收购战国时期华谊兄弟成立了华谊兄弟音乐有限公司，旨在打造完整的大型娱乐产业链，并与经纪公司华谊文化包装打造了中国第一个偶像集团BOBO。新公司使用了丰富的经验，双方在娱乐媒体领域积累多年，构建管理平台，艺术家管理和业务发展的全方位的音乐。华谊兄弟音乐的唱片公司整体实力最强的中国原创歌手。进入音乐领域是华谊兄弟的需要提高娱乐产业链，挖掘影视资源和艺人经纪业务发展。明星的一个重要组成部分的音乐艺术家，艺术家机构是三个成熟的业务部门之一。签署了艺术家可以丰富种类的艺术家，扩展经纪业务，并互为补充。经营收入方式，影视行业收入的季节性波动较大，而音乐领域受季节影响较小,引入相对平衡收入可以使音乐业务,减少季节波动的影响,使华谊的产业链进一步完善,形成影视、经纪、广告、设计、音乐六大,从纯粹的华谊兄弟影视投资公司为国内领先的民营影视内容提供商。现在,随着业务的不断扩大和发展的现实,华谊兄弟显然突破了"六十一"和"九十一"形成的趋势。

战国音乐是1999年袁涛组建的,其运作的首位签约艺人是羽·泉组合。在短短一年里,羽·泉组合相继刷新了内地流行乐坛的诸多纪录,5年间陆续推出的4张专辑《最美》、《冷酷到底》、《热爱》、《没你不行》,与FIPI认证,总销量已超过500万。2001年,战国音乐公司吸取经验,协助完成成功的幕后制作人黄征变换从幕后到屏幕的前面。专辑《破晓》和《爱情诺曼底》发表具有良好的销售业绩。同年,高齐&超载乐队加入,战国音乐"偶像+力量吸引"明亮的特点发挥到极致。

华谊兄弟音乐原创歌手的唱片公司,并有很强的综合实力在中国。华谊兄弟传媒集团的子公司。目前,公司已经与周迅、李慧珍、黄征、尚雯婕、杨坤等签约,并与华谊兄弟经纪公司共同包装打造中国第一偶像组合BOBO。

2010年6月,华谊兄弟传媒集团分别与北京盛世企业管理有限公司有限公司北京华谊兄弟文化发展有限公司签署股权转让协议,同意以2086万元人民币收购华谊兄弟,现持有北京华谊兄弟音乐有限公司35%的股权,以8344万元的价格持有华谊音乐14%的股权,收购完成后,华谊兄弟传媒集团将持有华谊音乐100%的股权,即北京华谊兄弟音乐经纪有限公司拥有的华谊音乐。华谊音乐经纪有限公司收购51%的华谊兄弟音乐是另一个转移到改善其娱乐产业链。尽管近年来华谊兄弟音乐的业务情况并不理想:华谊兄弟提供的数据显示,华谊兄弟音乐2008年的主营业务收入超过5263万元,净利润超过5200万元。华谊音乐主营业务收入超过2142万元,净收入减去926万元,但王氏兄弟认为,华谊音乐在2009年比2008年经营业绩下滑的主要原因是市场环境、行业和现有业务模式的变化都依赖于大歌手,一家音乐公司成立5年,歌手"以饱满为中心",新签约歌手正处于一个阶段。此次收购,华谊兄弟显得非常自信,公司实际控制人王忠军、王忠磊甚至制定了"履行军令的书面承诺":保证2010年6月1日至2010年12月31日华谊音乐的净利润(经审计税后净利润)不低于385万元。税后净利润平均净利润(审计)在2011年和2012年每年不得少于660万元。华谊音乐未能达到收购完成后王中军和王中磊承诺的净利润,作为承诺人的王氏兄弟将与华谊兄弟签订股权转让协议,以华谊兄弟的收购价格收购华谊音乐51%的股权。此外,他们将保证华谊兄弟音乐,他们控制将支付版税,在华谊兄弟使用的商标和商品名称。

1. 优势互补,华谊完善产业链

华谊兄弟和战国音乐都有良好的记录在各自领域,享有良好的声誉在影视和音乐。华谊兄弟在分销渠道和生产常规和声音,而战国音乐有一个优秀的创意团队。两个在音乐业务的组合可以被描述为优势互补,确保优秀的生产水平和广泛的分布。战国音乐的收购后,华谊兄弟音乐公司可以生产原创音乐的电影和电视作品产生的影视公司，提供优秀的音乐制作团队，帮助合格的电影和电视明星进入音乐市场。电影和电视公司为歌手提供适当地表现角色，寻找机会参与电影行业，提高歌唱的价值。

华谊兄弟"全面影视娱乐集团"从我的定位。最近，华谊兄弟开展了电影制作发行、放映及衍生业务、电视制作发行、艺人代理及衍生业务，而音乐是娱乐传媒行业的重要组成部分，因此，这一举措的部署完全满足了业务发展的需要，也是完美的产业链布局的必然选择。

同时，进入音乐领域是华谊兄弟需要利用影视资源和艺人经纪业务发展。明星的一个重要组成部分的音乐艺术家，艺术家机构是三个成熟的业务部门之一。签署了艺术家可以丰富种类的艺术家，扩展经纪业务，并互为补充。从营业收入的角度看，电影和电视行业的营业收入有巨大的季节性波动，而音乐是比较受到季节的影响。音乐业务的引入可以使收入相对平衡和减少季节性波动的影响。如果有一个好的歌曲在电影和电视作品中，其生命力比电影本身更。这部电影与歌曲相辅相成，互相能找到最好的。电影《画皮》的主题曲、《画心》的主题曲，已创收数百万元，电影《风与主题曲》、电影《集结号》和主题曲《兄弟》，也对电影营销宣传有着非常积极的拉动作用。华谊兄弟每年生产超过 20 部电影和电视作品，这对歌曲创作，是一种独特的资源开发、营销和歌手包装。此外，"表演而卓越唱歌"，唱歌是一个重要的地区，为许多艺术家全面发展和增强他们的明星的价值。制定计划的同时发展电影，视频和歌曲新人才尽早将大大提高培养效率的超级明星。

2010 年，全资收购华谊音乐可以为公司提供了强大的帮助挖掘影视资源和发展相关业务，如歌手经纪、音乐会和数字音乐。此外，该公司的品牌优势、管理经验和丰富的娱乐资源优势也将促进华谊兄弟音乐的快速发展，从而实现多个企业的协作开发，这有利于华谊兄弟集团的道路上进一步综合娱乐集团。

2. 华谊画出新音乐蓝图

（1）数字音乐将成为主流

华谊兄弟吸引了其音乐业务发展战略：除了继续执行现有的业务，华谊兄弟音乐将重点发展数字音乐。公司积累了一定量的歌曲版权的早期阶段，未来将进一步挖掘潜力，并继续总结生产、营销和推广数字音乐和传统的特点和规则记录。在未来，华谊兄弟音乐将开展业务全面，包括离线版本的专辑和 EP，在线发布单，无线增值业务，歌手经纪业务、组织和规划特别的音乐会，影视歌曲和数字版本的生产和客户公关活动。

华谊兄弟说，在 2009 年，根据艾瑞咨询，中国数字音乐的规模将达到 17.9 亿元，与无线音乐收入占 92.1%，在线音乐收入占 7.9%。传统音乐在内地市场的规模约为 2 亿元。虽然互联网和音乐仍有讨论余地的无论是敌人还是朋友，数字音乐已经逐渐取代了传统音乐。

（2）重点发展歌手经纪和演唱会业务

"现场音乐成为人们消费音乐的一个重要形式。提高中国消费者的支付能力，越来越多的人会选择观看现场表演。在更加发达的国家，人们更热衷于现场音乐。"华谊兄弟担心说。

"音乐产业的未来可能是旅游和音乐节日。"音乐唱片公司负责人说："在整个欧洲和美国的音乐行业，旅游对音乐已经成为主要的收入来源。根据 Billboard 的数据，2009 年 U2 以 1.9 亿美元的总收入高居音乐艺人榜首。百分之六十的收入来自他的 360 度的世界巡演。"据外国媒体统计，全球音乐一直保持年均 12.5% 的增长率在过去的三年里。目前，欧洲和美国艺术家的演出的收入已经达到了他们的整体收入的 75%。此外，黄文奖很高的期望放在中国现场音乐的发展。"2009 年，在节日时三天在成都举行，150000 人参加了这个节日。一系列的数据让人有强烈的期望这个新兴产业模型的音乐节。更重要的是，作为第一个热波音乐节，也是有利可图的。在我们看来，音乐节无疑是音乐产业的未来发展的主要道路。"互联网在国内很流行多年，在过去的下载器，下载 MP3 音乐，可以逐渐"流行歌"，"口水歌"入侵在线音乐失去了信心，在这一刻，音乐质量成为观众要求的最高标准。"当然，听众将会离开电脑，去享受更好的音乐体验生活。"

（3）大力笼络企业客户

企业客户将华谊兄弟音乐行业发展的一个重要概念。华谊兄弟相信很多消费者希望看到他们最喜欢的歌手或乐队出现在比赛或促销活动，如果某个产品是由一个最喜欢的明星或带特定的消费群体，他们更有可能购买它。大多数消费者不介意广告出现在音乐下载和流媒体网站，和许多人会喜欢看或听广告如果他们可以免费下载音乐。

然而，经过多年的音乐发展，对音乐的理解也有了自己的市场定位和方向，或许华谊兄弟传媒集团在产业链条件下逐渐完善，华谊音乐在盈利的同时也可以像电影、电视剧和艺人代理三板，成为创新商业模式的先锋。

（三）游戏与新媒体——华谊押的是"未来股"

2010 年 6 月 21 日，华谊兄弟投资和参与北京掌趣科技有限公司有限公司用自有资金 1.485 亿元，也就是说，通过收购获得了 22% 的掌趣科技股的股本和资本增加。

2010 年 12 月 8 日，华谊兄弟宣布与巨人网络北京华谊巨人信息技术有限公司成立合资公司——华谊兄弟将出资 7000 万元超收购华谊巨人 51% 的股份，上海巨人网络持有 34% 的股份，上海巨人网络持有的 15% 的股份，这意味着华谊兄弟正式进入游戏市场。

只是觉得，华谊兄弟为什么要花这么多能源领域的网络游戏和手机游戏吗？

不难看出，华谊拥有充足的资源和内容的版权，借此，在互联网上建立起来的都是热门快车，在发展新媒体的过程中，通过传统娱乐产业和互联网、移动媒体的边界，试图布局成为网络游戏领域的一个重要平台，华谊发展成为一家集研发运营于一体的综合性游戏公司，创建它的全面的娱乐帝国的梦想。因此，可以说，华谊兄弟在未来的卡片，肯定是未来潜在的趋势。

（四）公关营销——品牌授权赢得增长点

华谊的结果显示，2012年，华谊通过向其全资子公司天津生活娱乐有限公司提供资金，增资1.1亿元后，公司2012年净利润3517.45万元，这将体现华谊以影视品牌授权业务等无形资产盈利，品牌和知识产权授权业务模式提高了公司的盈利能力。

（五）电影主题公园——打造华谊文化城

值得一提的是华谊兄弟的理念和实践构建文化旅游城市。

当迪斯尼主题公园成为美国迪斯尼集团是骄傲的杰作，中国也学习和模仿。影视基地、主题公园、文化旅游城市和其他地方已经成为任何城市的选择和影视企业扩大资本规模。华谊兄弟也不例外。

2011年，华谊兄弟曾计划投资数十亿元建立一个文化城市，主题公园，这两个计划是位于长江三角洲地区。这部电影主题公园坐落在苏州工业园区阳澄湖附近。这是一个主要的旅游景点和一个面积约1000亩。位于上海嘉定华谊兄弟文化城市，主要的电影和电视制作，占地面积1000亩，总投资高达数十亿元。但禁令由国家发展和改革委员会、国土资源部、住房和城乡建设部扰乱了华谊的扩张。

投资的电影主题公园，除了苏州工业园区，它还包括接触成都和青岛等城市。在嘉定除了项目，上海、北京、深圳等地也已开始计划合作文化名城促进未来电影的战略规划。

项目，上海、北京、深圳等地也已开始计划合作文化名城促进未来电影的战略规划。

2012年12月20日，首个以导演冯小刚命名的海南观澜湖电影公社的电影主题旅游项目正式启动。观澜湖、华谊、冯小刚电影公社集旅游、文化、娱乐和其他行业，被认为是最特色电影旅游商业项目和乌托邦式的电影主题旅游度假村在中国。项目预计将投资逾10亿元，目标是在2014年春节期间开始操作。华谊兄弟、观澜湖、冯三巨头，将成为电影文化旅游与休闲旅游产业跨界结合的经典案例，与电影正式运营于2014年公社，项目还将是华谊发展主题公园和文化旅游城市，进一步完善娱乐产业链，打造三维娱乐帝国的壮举。

第七章　市场营销安全与战略管理创新

第一节　市场营销安全战略

一、营销安全是企业的核心战略之一

（一）营销安全对企业的重要性

营销是商业活动的生命线。企业不断进入市场通过这个生命线，市场采购产品获得的资金流入企业不断通过这个生命线。保持这个生命线稳定和通畅是企业营销安全战略的重要内容。

一个国家应该强调安全，所以一个企业应该。营销安全是企业的核心战略之一。营销安全不仅与企业的命运有关，但也与国家竞争力和国家战略安全、政治安全、经济安全、科技安全、文化安全与社会稳定。"丰田是我的左脸，索尼是我的右脸"，日本前首相中曾根康弘在外国旅行说。毫无疑问，这是丰田和索尼的最高赞誉。与此同时，还解释了品牌对一个国家的重要价值和意义。

（二）营销安全体系的构成

营销是一个活动和功能，涉及企业的方方面面。这决定了营销安全系统也是极其复杂的（参见表7-1）

表7-1　营销安全体系

	组成部分	具体内容
1	企业战略安全	战略步骤安全、战略方针安全、战略目标安全、战略定位安全等
2	营销战术安全	营销传播安全、渠道策略安全、促销策略安全、价格策略安全、产品策略安全等
3	品牌体系安全	品牌经营安全、品牌形象安全、品牌资产安全、品牌权属安全等
4	营销资源安全	信息安全、营销人员安全、资金安全、销售物料安全、产品安全等
5	服务体系安全	服务执行安全、服务体系安全、客户管理及维系安全等
	……	

二、营销安全管理机制建设

（一）营销安全管理组织化

自 20 世纪 90 年代以来，许多小型企业在中国和跨国公司在国际市场上遭遇危机的寒流。危机管理理论的成熟和危机管理实践经验丰富，企业开始建立危机管理机构，如企业危机管理委员会，许多企业由首席执行官亲自指挥，管理公关、品牌、销售、财务、服务等部门协调运营。全面负责董事会负责危机管理事务。有些人甚至邀请第三方顾问介入进行"体检"或进行危机公关。同时，很多企业还编制了《危机管理手册》，制定了《危机管理预案》。但大多数企业的营销安全管理仍是广泛、部分和片面的。

大多数企业的实际情况是，营销的幌子安全组织职能的缺失。当然，不可否认许多企业营销安全的努力。虽然有些企业没有把营销安全这个词放在嘴边，但在实际行动中体现了出来，比如企业营销体系往往需要建立战略规划、市场规划、市场开发、市场监控等部门，其实是在保护营销安全护航。

（二）营销安全业务流程化

营销业务流程安全管理主要包括四部分：主要业务联系、业务功能模块、实现模块功能和描述的工作步骤。事实上，必须有一个合理、高效、低成本的业务流程之间的团队在营销与其他外部安全管理部门和业务联系部门。企业的业务流程的关键在于成本的持续改进，质量和服务，以便企业能够最好地适应现代企业经营环境的特点是客户、竞争和变化。事实上，营销业务流程安全管理反映了企业的反应能力，运营效率和抵抗危机的能力，需要根据企业的实际情况不断优化。

（三）营销安全管理制度化

企业管理体系是一种规范管理，是企业员工在企业生产经营活动中，需要遵守规范、形式或组成的规则和规范，包括企业组织机构的管理体系设计、职能分工和职能分工、岗位职责说明、专业管理体系、工作或过程，如管理形式、管理程序文件等。企业制定管理制度，要求员工在职责行为根据企业管理、生产、管理相关的标准一致的行动。如果没有统一的规范性的企业管理制度，企业不可能实现其发展战略，包括安全战略，在企业的正常运行管理系统。

形成的机制，系统更直观的作用。系统是用来澄清每个组件的内部连接和行动机制的组织。只有操作系统可以根据某一个机制有序而不乱。

营销安全管理必须加强制度建设：营销安全管理机构的责任、权利和义务；责任、权利和义务的团体在组织内；员工的岗位职责；营销安全管理组织日常运作规章制度；内部和外部业务联系每个团队在组织内的过程。

营销安全管理体系的建立应该强调几个要点：第一，规范。规范意味着系统是合理和合法的,权利和责任明确,只有在一定程度的标准化可以扮演的角色管理系统;第二,宣传。系统必须是开放的,所以玩的角色约束、激励机制;第三,实现。实现有效的系统实现监督。任何成功企业的背后,必须有标准化和创新。

(四)营销安全管理文化

企业文化指的是价值观和商业惯例由所有部门共享在企业,至少由最高管理层。企业文化,也称为组织文化,指的是独特的文化形象,一个组织由其价值观、信念、仪式、符号和做事情的方法。但一般来说,企业文化是培养团队的团结和习惯从理念到行为,从而实现完美统一从理念到行为。如今,许多企业建立了危机意识的概念。例如,比尔盖茨曾经说过,"微软离破产只有18个月,奇瑞的尹同耀表示,"奇瑞只有18天远离破产"。例如,百度首席执行官李彦宏是全球最大的中文搜索引擎,总有一种危机感:"百度离破产只有30天。人们搜索市场持乐观态度的原因是,因为它是在非常高的速度增长。成长也是一种改变,如果你不能把握市场需求的变化,将会消除。"

三、营销安全危机预警与诊断

今天,在市场经济的发展,面对众多不同,变化的环境。企业面临着不同的机遇和挑战。如果企业是一个小粗心,可能会陷入各种危机。例如,可口可乐"二噁英事件",麦当劳遭受"有毒石油事件",肯德基遭受"苏丹红事件"……

解决危机的最好方法就是"在它发生之前解决它"。因此,企业营销危机事先警告是事先国防的重要组成部分。提前思考、促进决策、推进调整,防患于未然,这是营销危机预警的重要性。

(一)战胜危机重在事前防御

营销危机的原因可以分为两类:直接原因和外部原因。直接原因在于本身,而外因在于全面的企业外部环境和各种社会力量。因此,为了防止危机,我们应该首先检查自己,发现缺陷,弥补缺陷,以防止发生在第一个地方。其次,它是可能的外部力量威胁和侵犯企业的正常生产经营,如竞争对手、媒体、经销商和供应商。但不要急慢他们或保持距离,但与他们交流,建立和谐的生存和发展环境,也就是说,一个和谐的外部商业环境。公司必须认识到,他们不能阻止危机。即使早期预警措施,危机仍可能来。营销危机发生后,没有多少时间留给企业,甚至只有24小时。24小时后,"战争"的结果可能成为定局。

研究发现 7-2

危机防御重心及措施

表 7-2 危机防御重心及措施

危机防御	防御重心	防御措施	备注
内部防御	危机文化	危机管理到企业理念系统，形成一场文化危机	营销危机的出现不是没有标志，预防的关键在于早期发现危机隐藏的忠诚，早准备，并能有效避免一些危机的发生
	组织防御	安全管理部及企业新闻发言人制度	
	危机学习	如何借鉴其他企业应对危机，提高危机管理能力	
	危机预警	建立危机预警系统，及时发现潜在的风险	
	危机预案	建立不同危机应急计划，这样他们可以快速开始时发生	
	自我检修	连续的自检，及时发现问题和漏洞，改进	
外部防御	政府部门	政府和企业之间建立良好的关系平台和信息沟通机制	
	新闻媒体	主动发展媒体公共关系和构建和谐关系	
	竞争对手	积极倡导或参与建立一个和谐的市场竞争秩序	
	合作伙伴	建立战略合作关系，获得稳定的外部资源	
	股东股民	应该进行充分的信息交流和沟通与股东	
	第三方企业	关注的公司可能会介入操作或进入市场	
	消费者	建立一个平滑的客户投诉和信息交流和反馈平台	

（二）预防的前提是建立危机预警机制

大中型企业还是小型企业，危机预警管理的实施是必要的。企业通过早期预警管理不断整体式、超越、创新，无疑是有利于其激烈的市场竞争中保持持续、快速、健康的发展势头，有利于"健康"和"长期和平与稳定"的企业。利乐包还有一个标语，叫"put the fish on the table"，这意味着"尽快把鱼放在桌子上。不要把它藏在桌子底下，直到它糟透了。"事实上，它告诉公司和员工，公司健康只有发现问题并尽快解。

危机预警的实现通常特定一组的形式，也就是说，内部危机预警管理组织的建立。除了企业直接参与早期预警管理决策水平，而且从企业职能部门分配的人才，形成企业预警管理组织，定期为企业定期预警。预警组主要实现以下功能：建立早期预警系统，业务流程制定，年度预警计划准备、安全教育和培训，预警信息的研究，自我检查和自我检查的问题，潜在的风险评估，营销危机预测危机计划制定，协调内部和外部的合作伙伴等。下面从三个方面关注危机预警的关键环节。

首先是安全教育。任何一个企业的行为是人类行为而实现的。人类是最关键和营销危机预警管理的核心因素。不仅危机预警的经理团队需要建立一个强大的营销安全意识，而且所有员工在企业需要建立一个营销安全意识。因此，它是非常重要的为员工进行危机管理教育和培训，而营销安全教育从培养员工的危机管理意识。

第二个链接是营销危机预警信息的问题。通过早期预警的危机，营销危机的源头在某种程度上可以消除。然而，更常见的情况是，企业潜在的风险或风险已经出现在市场。在这种情况下，预警团队需要收集和分析企业内外环境造成的困难、困难、危机等方面的信息和原因，对可能的危机因素进行定量和定性分析，定期发布危机预测，提前预警。很多时候，潜在危机调查需要通过调查和分析发现潜在风险。

营销风险可能不会出现在形式的"危机"或"事件"的早期阶段，但可能只有有限的或部分对企业营销的影响。但持续发展可能导致以下后果，事实上，这也是营销安全危机的预警信号：品牌信任下降，营销成本增加，营销资源浪费，市场份额下降，销售利润下降，经销商购买少……这只是一些最基本的警告信号，企业可以专注于一些基本的信号，根据企业的实际情况，建立自己的危机预警评价系统。

三是积极制定危机应对方案。通过建立高度敏感和准确的营销危机预警系统，企业可以及时收集相关信息，分析、研究和处理，快速、清楚地预测各种危机情况下，发现营销危机的症状，使反应计划来处理各种潜在的危机。企业应该为可能的危机，实现分层管理，根据不同级别制定对策。危机管理的水平有两个含义：第一，危机管理水平的组织可以实现各级组织的联合管理；第二，金融危机的后果应该根据严重程度进行管理。危机的水平组织还包括两层含义：第一层是多层次的组织参与企业内部管理；第二，危机的严重程度是由不同层次的管理组织。危机造成的后果的程度可以根据危机的性质决定的，该地区的危机，媒体和其他综合因素的影响。这不仅提高危机预警管理的效率，而且还有助于节约资源和降低成本。

四、营销危机的应对与补救

（一）危机公关应对步骤

第一步：真诚面对，积极行动。

许多企业危机的出现是由于一步并不顺利，这让一般的事件上升到一个危机。研究表明，超过90%的危机的恶化相关公司的不当态度。发生后的问题，不同企业表现出不同的态度：有的企业显示固执和傲慢，虽然许多企业表现出冷漠和麻木，一些企业否认和挑剔，一些企业诽谤或攻击"管闲事"，他们的眼睛。是不明智的避免问题出现后，保持沉默，这只会加速恶化的危机。

第二步：查明真相，公布结果。

有时候问题是由于企业本身，但有时企业也是一个委屈甚至陷害人。在这两种情况下，公司有责任和义务迅速查明真相，让公众真正的结果。否则，没有发现真相，公司很难发展具体的解决方案。例如，如果一个产品从货架上删除或召回匆忙没有任何质量问题的证据，也为企业不负责任。不仅容易造成的损失卖方，并增加渠道的成本，更容易让人误解。我们需要强调事实，客观、公正和真理，可以让各种各样的社会力量。出于这个原因，企业可以考虑第三方的参与，也就是说，权威机构、权威数据（专家），权威媒体参与调查事件的真相。企业应尽量不要让第三方参与企业的利益，如产品代言人，即使参与可能不会产生理想的结果。

第三步：制订方案，积极执行。

尽管公司可能已经提前计划他们的应对危机，现实往往比预期的更加复杂。这要求企业迅速制定危机应对计划，与各种社会力量在危机应对计划尽快。解决方案包括两个部分：一是对危机的解决方案，也就是说，当事人的解决方案；第二个是防止这样一场危机，使整流的出现，也就是说，潜在风险和危机的解决方案。通过这两个项目，让各种社会力量的力量和决心企业解决问题。

为了解决现有矛盾，企业可以考虑以下想法：第一个是转移矛盾。2005年3月15日，"苏丹红的成分"被发现在肯德基新奥尔良烤翅和新奥尔良烤鸡汉堡调味料。肯德基是坦诚表示，愿意承担责任。同时，肯德基"苏丹红事件"的根源，其上游供应商。产品的问题是由于上游供应商提供的原材料的使用。此举也有助于控制危机的进一步恶化。第二个想法是直接解决的矛盾。这取决于解决方案的实力。强度是反映在三个方面：第一，权威机构、权威机构、权威数据和权威媒体可以参与危机管理；第二个是想出令人震惊的措施，可以改变各种社会力量的态度。第三，企业领导人在关键时刻站出来，想出令人满意的解决方案。

通过与当事人沟通，有必要迅速实施计划达成共识来解决危机。为了应对当事人的主张可能采取道歉，物质补偿，精神赔偿和其他手段来安慰。企业整改计划可能包括以下内容：产品召回、销毁产品，生产暂停整顿，甚至技术过程改进和服务水平协议可能会提出。

第四步：借势惜力，巧妙提升。

危机公关也基本和最终目标。基本目标是减少危机所造成的经济损失，防止损害品牌形象，最大化危机的修复和深化良好的外部经营环境。事实上，大多数公司可以这样做可以被视为一个成功的危机公关。最高的目标是利用情况，巧妙地改进，把危机变成机会。这是完全可能的。英特尔公司的前首席执行官曾经说过，"平均业务在危机中死去。良好的企业生存危机。只有伟大的商业可以改善和发展本身的危机。"特别是在一些行业危机，而一些企业斗争，但总有一些企业可以突破围困，快速发展。然而，这就要求企业不仅要有良好的性能在解决危机的过程中，也在危机后采取适当的措施来提高品牌形象。

（二）营销危机的补救

当危机"横扫"企业，一些企业是不可逆转的命运，并最终走上不归之路，这是取决于危机的性质和后果。2001年中秋节期间，在央视新闻30分钟曝光南京观胜园月饼使用旧馅料后，南关月饼被大量下架。愤怒"黑心月饼"已经从社会的每一个角落。"陈氏馅料事件"使南京冠盛花园的商业信誉一落千丈，企业形象几近毁灭。最终，生产倒塌，2002年3月该公司申请破产。

许多公司已经克服危机的冬天。灾后重建并不容易。当危机来临时，即使响应快和危机公关措施适当，企业将不可避免地遭受一些经济损失。博士伦首席执行官罗纳德·扎雷拉估计，博士伦全球召回水凝护理液并永久停售将使公司损失5000万~7000万美元。以牺牲短期利润，博士伦最终赢得消费者。

当然，结构上的经济损失的多样性，如销售下降造成的损失，对于赔偿（包括物质、精神赔偿）的损失，对于危机公关的执行和公关成本的损失等，都有一定的连续性和经济损失，因为即使过去的危机，也不意味着营销立即全面恢复，恢复可能有一个周期。

如果企业营销环境的关系不能及时"重建"，这可以说是极其有害的，如被竞争对手利用抓住市场，甚至危机甚至会危及其他产品生产线和品牌。因此，应把重点放在危机后修复与这些社会力量的关系，其关键参见表7-3。

表7-3 关系修复对象与操作目标

修复对象	修复对象细分	关系修复操作目标
内部力量	企业股东	获得企业的股东，股东的完全理解，投资信心，进一步支持
	企业员工	得到员工的理解、信任和支持，保持一个良好的前景和战斗力
外部力量	政府部门	获得理解、信任和支持的政府，所以，企业得到一个良好的商业环境
	协会组织	巩固形象，企业在行业的地位和影响，并获得行业协会的支持
	新闻媒体	获得更广泛的媒体资源和媒体的理解，信任和支持
	业内专家	获得的积极评价和识别相关领域的专家，成为一个积极的专家
	合作伙伴	获得的理解、信任和支持的合作伙伴，保持甚至得到更多的支持
	顾客（消费者）	获得客户（消费者）的理解和信任，保持客户满意度或忠诚度
	其他社会公众	从公众的眼睛建立信誉，负责品牌市场和社会形象

第二节 营销战略管理创新

一、营销战略思维创新

（一）绿色营销

绿色营销在广义上是指社会价值观和道德体现在企业的营销活动，这不仅自觉维护自然生态平衡，也有意识地抵制各种有害的措施。因此，从广义上讲，绿色营销也称为道德营销。

狭义绿色营销，主要是指企业在营销活动中，寻求消费者利益、企业利益与环境的协调，充分满足消费者需求，企业利润目标，还应充分重视自然生态平衡，实施企业绿色营销，对产品进行创意、设计、生产，在定价和促销活动的策划和实施中，都要以保护生态环境为前提，尽一切努力减少和防止环境污染，保护和节约自然资源，维护人类社会的长远利益，实现经济的可持续发展和市场。因此，狭义的绿色营销，也称为生态营销或环境营销。

（二）整合营销

菲利普·科特勒认为：当企业的所有部门一起工作来服务客户的利益，其结果是整合营销。整合营销发生在两个层面，一个是销售人员、广告、产品管理、市场研究和其他不同的营销功能一起工作；第二，营销部门必须与其他部门协调的企业。营销整合强调各种营销元素之间的相关性，并要求成为一个统一的有机体。在此基础上，整合营销需要各种各样的营销元素统一力的方向，形成合力。共同为企业的营销目标。

（三）关系营销

关系营销是基于系统理论的基本思想。它地方企业的社会和经济环境调查他们的营销活动。它认为企业营销与消费者是一个互动的过程，竞争对手、供应商、分销商、政府机构和社会组织。关系营销将建立和发展与所有利益相关者之间的关系，作为企业营销的关键变量，企业营销的核心是正确处理这些关系。

企业和利益相关者形成密切的关系。一个企业的发展取决于利益相关者的力量，他也通过企业寻求自己的利益。

（四）文化营销

企业文化是指企业在长期适应外部环境和内部整合的实践中创造或形成的，并通过企业的老成员传授领导力（尤其是领导者），广泛用于实际工作和身份认同中，新成员能够影响企业行为，并被证明能够有效地指导员工的价值观、行为准则和道德体系。

企业文化描述了由组织成员共享的价值观和意识形态从宏观的角度来看，为营销人员提供一种新的方法和理论工作者来分析企业的营销行为。

创建一个支持营销策略的企业文化是成功实现的关键。因为一个好的企业文化可以形成一个工作氛围和组织的集体意识，努力实现性能目标和参与战略行动。

二、产品和服务创新

（一）产品创新

推出新产品是一种有效的方式为企业突破销售和企业发展的瓶颈，避免敌人的攻击，削弱了竞争。密切关注，所谓的"新产品"只是这些企业的新产品，这实际上已经存在于市场。这是简单的后后战略和趋势？如果不是，为什么我们不能创新，推出"第一"的产品？还是旧的产品在市场上从内部和外部发光与几个不同的新形象来提高竞争力？

1. 巧妙表达消费者的忌讳

当你推出一个产品，难的是你怎么知道消费者喜欢它吗？它是产品创新的方法来找出消费者的偏好，甚至他们的禁忌心理当使用某些产品，努力克服它。例如，当我们感冒时，我们把感冒药。但是，我们需要的是治疗感冒，不需要感冒药嘴里硬吞下苦涩。这是寒冷的患者禁忌。一个产品叫喷油器利用这个机会。当我们感觉不舒服的时候，我们可以喷撒这个创新产品在我们的鼻子和修复它。

这个例子告诉我们，消费者使用某种形式的产品在很长一段时间内并不意味着这种形式决定了产品的性质和形状。产品创新本身要求我们打破"规则"，一个产品应该走这条路还是那条路。

2. 衍生产品伴侣

一个产品可以通过市场变化的过程成熟度下降，和特定产品类别也可以有这样的问题。这意味着选择创新产品的出现。球员取代光碟播放器，DVD 和 VCD 播放机逐渐取代。此外，产品的同伴是另一个创新带来的机会相对成熟的产品。例如，消费者可以使用护发素洗头之后。这背后的想法是雀巢咖啡的发展伙伴。近年来，城市很热洗车、汽车销售和生成。因此，许多创新产品将会出现同伴的成熟产品。也许在不久的将来，牙刷牙膏的同伴将消除后遗症和磨牙齿。创新产品，如同伴（不是一个卑鄙的解酒方法或治疗宿醉的）消除过度饮酒的后遗症将出现在我们的生活。

不难看到，如果你想让不同产品创新通过介绍产品的合作伙伴，有必要探索消费者的追求越来越高的趋势。有必要研究消费者的"后遗症"使用的某些产品没有被列入黑名单。

3. 改变产品的物理形态

改变产品的物质形态产品的基本属性没有改变，仍然是在电视电话电视，之前是广场厚重的电气设备，后来发展了液晶墙挂了，牛奶是一个从液体变成固体。这种变化可能是有用的在一些地区，水陆交通等公共汽车和飞机，衣服可以调节体温，等等。当然，我们需要注意一点：产品的物理形态的变化，在保证质量的前提下和功能的产品，努力为消费者带来一些变化带来的好处。除了促进销售，有包装的其他方面值得我们注意。在我们这一边，已经出现了大瓶嘴"脉动"，黑色的瓶子"水果蒸汽水"……然而，应该注意的是，产品创新通过物理形状变化通常是离不开研究目标人群的个性化消费需求的便利，运输和储存的产品以及产品的美学。

4. 产品的功能嫁接

从 2005 年到 2006 年，郭德纲，一个受欢迎的相声演员，一旦说了"隐藏的秘密和放油孔"，但遭受"广告门"事件，和"隐藏的秘密和放油孔"使用虚假宣传，促进综合卫生保健产品、无病健身。更不用说对郭德纲发表评论，但是这种"普遍效益"思维，但是我们可以成为产品创新的有效途径。例如，移动电话的出现，可以上网和看电视是一个典型的体现这样的一个想法。为什么不做一个凝胶融化发痒，头皮屑、脱发和头发吗？这些各种各样的"一站式"来满足消费者需求的创新产品，可能在不久的将来。但是，想在这里提醒大家注意一些：这是应该考虑消费者的认可，让电磁炉有电视的功能例如（让冰箱电视的识别函数可能大一些）；第二，我们应考虑法律法规的限制。例如，尽管说的"圣水"在古代，对于我们来说是不可行的矿泉水有医学的治疗功能。要考虑目标人群的购买和使用成本，比如有微波炉功能的电视机操作难度增加时，价格高于原两种产品的总价时，这样的创新产品很难有市场。

5. 以补缺创新产品

木糖醇无糖口香糖，和深层美白补丁（从波峰）可用的创新产品。如果你想在这些方面开展产品创新，最重要的是把握消费趋势，根据消费者的性别、年龄、收入状况、消费时间、地点等市场细分。例如，如果波峰可以美白，为什么我们不能想出这是鼻子？

（二）新型的商业逻辑：为了服务卖产品

销售产品和服务，销售产品或服务，这不是一个简单的问题，但营销的本质有了根本的改观。前者是来自企业的自身利益，服务是为了弥补营销错误；后者从客户，为了更全面地满足客户的需求。由于不同的起点，营销效果自然不同。

这是一种新的业务逻辑的结论：卖产品的服务。只有认识到市场竞争的新的发展趋势和意识到营销已经发展到一个新的水平，我们才能理解这一命题的意义。包括以下事实：

1. 服务才能满足消费者的个性化需求

作为消费者开始反思自己的价值，不同的需求越来越大，所以任何独特的产品只能满足部分消费者的需求，但不是所有消费者个性化的特殊需求可以得到满足，在这种情况下，只有通过服务来解决这个问题。服务、满足个性化需要的性质已经改变了传统的服务和服务已经从被动转为主动。

在未来的竞争中，一个企业能否设计一个服务以满足个人需要的是能否获得竞争优势的核心。例如，爱立信要求中国银行企业的应收账款是否可以恢复银行如果银行贷款给他们。中国的银行没有这样的服务项目和不能满足客户的特殊需要。可以位于上海，美国花旗银行表示，它能做的，提出了业务部门的门企业。因此，爱立信的最好的客户已经从中国银行花旗集团（citigroup）。如果你不能跟上服务，你将失去在竞争。

2. 服务赢得顾客的忠诚

企业的市场生存空间、生存发展。作为一个企业稳定市场，它应该忠实顾客的总和。在未来市场营销，重点是维护老客户，并通过老客户开发新客户，新客户变成老客户。如果我们想完成这个过程，我们必须提出更高要求的服务企业，和服务企业的竞争战略价值。

作者的一个同事很崇敬的希尔顿酒店。他曾经住在酒店当他1997年在挪威学习，但没想太多。2005年，他住在酒店作为访问学者。

3. 服务能向社会表达企业文化

在最后的分析中，竞争是企业文化的竞争。企业文化不是一个正式的事，但企业的灵魂，一个共享的价值，信仰和宗教。海尔的技术服务人员到用户的家里，可以不喝一口水，这就是企业文化。

企业文化转化为竞争力如何？只有通过服务社区传达企业的经营理念，反映了感情和关心用户，从而将用户的亲和力，这种亲和力将成为企业的核心竞争力。无论多么好的产品如果服务无法跟上形势，等于打破与客户。

许多企业不是产品质量不是很好，但服务没有跟上，导致不必要的误解，引起消费者的不满，不仅影响产品销售，和损害企业良好的社会形象。

（三）为消费者提供服务的思路

服务消费者需求是多方面的，服务方式，也可以选择多样，如何提供让消费者满意的服务同样需要创造性思维。提供以下想法启发人们思考和朝哪个方向为创造性思维提供指导。

1. 把困难留给自己，把方便留给顾客

如果不是这样，企业将不得不打一场价格战。如果你能不断解决问题，你有一个忠诚的客户，因为客户再也不能没有你。现代营销会赢得忠实的顾客为根本任务，完成这个任务，我们必须建立这样的服务理念。

2008年，国务院办公厅发布《关于全国节能工作的通知》，声明宾馆、饭店不自愿提供一次性洗漱用品，地方政府也发布了相关规定。这是政府干预市场经济，国外没有。

但在现实中，许多企业不考虑这样的问题，总是怕麻烦，如何为自己的省麻烦。但你想省事，客户就是一个伟大的麻烦。你为客户创建问题，当然他们不会选择你的产品。有时想省事也会引起误解，因为产品的使用过程的解释不清楚，这是客户操作不当，可以得出的结论是，产品质量是不好。公司责任，因为服务没有跟上。

2. 把客户的上一道工序接过来

因此，客户的工作量将减少，让客户更加关注关键过程。这不仅使客户降低成本，还提高了产品质量。为客户当你认为，你将能够得到客户的利益回报。应该注意的是，有一个营销双赢点。

天津有一个校办企业，专门从事汽车和工程机械生产线。原来这些制造商成批购买电线从连接工厂，然后切断线路工人所需的。企业需要派人购买、储存、离线，高成本并不方便。现在有人将接管这个过程，这条线就会好，绑起来，标记，发送到生产线工人捡起来非常方便，虽然它将花费一些钱，但因为每个人的订单，它比他们自己的工作运行的还好。

如果你专注于做多一点对你的客户，你可以赢他们，你可以实现你的营销策略。有一段时间，有很多水果在北京工厂，竞争非常激烈。这个时候，北京南口果脯厂和一些大型商店接触，制造商愿意给商场柜台销售人员销售产品，所有的商业利润返回到购物中心。制造商使用卡车每天商场，不占用仓库，如果不是卖给拉回来。当然欢迎商人，这样的服务措施和企业占领重要的商店和控制重要的销售终端，因此自然赢得了竞争优势。

不幸的是，很多企业往往想的恰恰相反，总是想把上游企业的产品接过来自己生产，所谓"肥水不能外溢"，造成"大而全"、"小而全"。虽然增加了营业收入，它大大增加了管理成本。在正常情况下，支持的主要业务涵盖了矛盾。如果主营业务下降，所有的项目将会失去钱，企业将陷入困境。这些项目真正成为竞争的负担。

3. 在保健服务上下功夫

任何产品的使用都会处于三种状态，即良好运行、故障、隐患。竞争的重点隐患处理。可以完全显示在这里是服务。隐患的治疗方法的差异导致的不同企业的服务效果。

随着科学技术的迅速发展，大量的高科技产品在民用范围，面对这些高科技产品，"我怎么使用它呢？还有"如果它坏了怎么办？"等一系列的问题不可避免的麻烦客户，客观上要求企业为消费者提供服务的新性质，由于使用错误可能出现在萌芽状态。

4. 把盈利点放在服务上

低水平的竞争，服务被看作是一个补救措施。这不可避免地导致企业斗争，低水平重复，无法从根本上提高服务的质量。这种被动的服务模式不能满足客户的需求，难以适应市场发展趋势。

运营商需要提高服务意识，了解服务是为客户提供福利，以便客户得到满意。今天的售后服务不仅是免费的商品，与其他商品捆绑，但一种价值和使用价值，包括高质量的产品、高档文化和高级的享受。与企业之间的差异：技术、质量、营销、设计等方面的能力和水平缩小，企业之间的竞争将更体现在服务领域。

许多企业生产的产品没有太多的高科技含量，但出现突出位置的竞争，其竞争优势的服务。邮寄鞋子服务是非常独特的，他们进行21世纪国家服务旅行一万英里，为消费者提供免费擦鞋、鞋定制、服务咨询、消费者调查和其他服务。从这可以看出，服务优秀的企业已经超过原始服务的意义。

5. 用服务实现了一体化价值

当代营销必须在更广泛的空间，只有通过广泛的社会整合达到预期的目标。如何结合？服务是至关重要的。通过服务，社会运行过程中的所有链接都是相连的，和系统思维是进行价值的最大化。

服务是企业支付，是一种输入，也是一种成本。输入要输出，必须支付成本必须产生价值。服务产生的是顾客价值，顾客价值生成后，企业的价值将生成的链。当然，作为一个经营者掌握它们之间的逻辑关系，并能够控制整个过程。

中国金属和矿产进出口公司经营一种合金材料。一家日本公司设备治疗医疗废物。硬件公司主动提出帮助印刷宣传材料，促进他们在中国。各种医疗部门对它感兴趣，它在中国很畅销，但他们都认为它太贵了。因此，五矿公司表明日本制造商投资在中国建一个工厂，所有的手续都是由五矿公司处理。二是日本公司在中国投产，销量很大。这种设备需要使用大量的合金材料，当然，购买五矿，是整个销售过程的服务系列，实现这一过程需要提高系统思维水平。

服务是无形的、不可分割的、容易丢失，因此比实体营销更具挑战性。这问如何实现服务个性化、多样化，课程是发生了翻天覆地的变化，特点是改变、进步、情绪改变、网络改变、艺术改变，及时尊重需要显示运营商的创造力。服务不应该成为公共物品，但也是不断创新，为了给消费者留下深刻印象，形成企业的竞争优势。

三、营销模式创新

（一）完全突破原有的营销模式

当运营商可以考虑问题从一个更广泛的空间和更长一段时间，他们可以多层次的联系结合起来，建立一个全新的营销模式。这种新的营销模式不是从单个交易过程来获取利润，但连接多个交易流程来实现营销目标。

温州商人的做法体现了这样一个创造性的过程。我国羊皮的起源是在新疆，1吨羊皮的价格是800元，但新疆生产的羊皮去温州买，1吨仅需要2500元。这种奇怪的现象是怎么发生的？最初温州商人新疆买羊皮，第一次买5吨的现金支付。当关系成熟，扩大购买数量可以先支付20%～30%的定金。等待关系铁，销售数量大，不能交定金。在这个时候，他们运送羊皮温州卖了在每吨2500元，现金和其他快速周转业务中恢复过来。经过两到三次的营业额，他们挣的钱已经大大超过了买卖之间的差价。在今年年底，他们支付的价格每吨800元卖给新疆人，他们非常高兴。

创建这种新的营销模式，需要商业智慧，努力思考的产物，是市场营销创新的主要结果。在这一点上，充分体现了现代营销提出的营销销售的思想判断。

（二）设计新的营销模式

营销是一个企业最终实现经济效益的活动，所以不仅停留在想象，只有创意是不够的，还必须设计一个创造性的方式来实现。实现的方法是非常具体的问题，如果你忽略这些特定链接，好的想法会被摧毁。设计一个新模型基于创造力是营销再创造的过程。

新营销模式包括实现的方式，的划分方法的组合链接，账户和担保条件的决心。这里特别要注意的设计的分类方式。新的营销模式涉及很多链接，需要很多方面的合作。这是一个双赢的结合。只有当有一个合理的方式将账户可以实现营销目标，发挥稳定作用模型。

以下是一个典型的创新营销模式：

有人用"意大利达努"这样一个品牌，中国开放市场。他第一次发现我们的服装厂。

我们的一些服装工厂没有任务，但是他们有良好的技术和管理，可以处理的产品质量很好。他对我们说|：'根据我的外表你给我加工服装，一个半到三个月后付款，不做吗？'我们的服装厂，没有同意。他得到了免费的衣服后，他开发了连锁零售商通过合同，条件是他提前支付，但100%甚至110%。但是有一件事，如果你不能卖掉它，你可以返回它，偿还这笔钱。因为一些商人愿意提前支付而不承担任何风险，他把钱还给了服装厂。在短短两年里，我们赚了数亿。

（三）营销模式创新思路

没有任何创新的公式，尤其是创造一个营销模式。然而，有许多成功的实践，可以用于参考。这些实践可以启发我们。下面的做法可以为我们提供方向思考创新的营销模式：

1. 营销理论的实践组合

任何理论深入分析事情的某些方面，但实际工人集成和应用。山西太原有公司注册为"100元"的裤子行业，销售3000种裤子是100元。他们完全采用虚拟管理的方法，邀请设计师来自全国各地设计裤子样品，在深圳购买面料和处理成当地的裤子。然后定位在城市和农村的边缘，400多个连锁店的发展。每个特许经营将是宝贵的操作指导，确保特许经营商的利润。每年8月暑假期间，学生们聚集在庆祝他们的商业大学生日和行为训练深化共享价值。这些实践使该公司能够健康成长，成为一个知名的企业。

上面的例子告诉我们，企业的经营者综合品牌战略等理论，虚拟管理、市场定位、特许经营、企业文化的实际业务活动，取得了显著成绩。管理者的智慧体现理论的应用在实践中，体现在有效的组织结构建立的组合。

2. 针对障碍革新营销

想消除障碍，不能总是这样，想要直接解决问题，应该用迂回的方法寻求突破，所以有人说："销售没有线性的。"

手机双向收费，用户不满意可能非常无助。针对这种情况，广东电信管理局发起了一个"手机休息站"进行"到家"业务。开通该服务的用户要到广东电信营业厅购买价值仅20元的"手机休憩站"设备，安装在家中或办公室的固定电话旁，当其他固定电话呼叫自己的手机时，可以用固定电话接听，这解决了双向收费问题。即使离开了竞争壁垒，为自己赢得用户。

参考文献

[1] 祝海波. 推开营销之门 [M]. 长沙：湖南大学出版社，2008.

[2] [美]菲利普·科特勒著，梅汝和，梅清豪等译. 营销管理: 分析、计划、执行和控制 [M]. 上海：上海人民出版社，1997.

[3] [英]格里·约翰逊，凯万·斯科尔斯著，王军等译. 战略管理（第6版）[M]. 人民邮电出版社，2005.

[4] [美]戴维·克雷文斯（David W.Cravens）和纳杰尔·皮尔斯（Nigel F.Piercy）著，韦福祥等译. 战略营销 [M]. 北京：机械工业出版社，2005.

[5] 杨锡怀等编著. 企业战略管理 [M]. 北京：高等教育出版社，2005.

[6] [美]斯蒂芬，P.罗宾斯著，黄卫伟等译. 管理学（第四版）[M]. 北京：中国人民大学出版社，2000.

[7] 王方华，吕巍编著. 战略管理 [M]. 北京：机械工业出版社，2006.

[8] Frederick Newel.Loyalty.Com：Customer relationship management in the New Era of internet marketing [M] .2000，8.

[9] 汤定娜，万后芬主编. 中国企业营销案例 [M]. 北京：高等教育出版社，2001

[10] 肖丽，朱妹等著. 战略营销 [M]. 北京：电子工业出版社，2004.

[11] 吴利化. 渠道效率评估模型选择 [J]. 商业时代，2004.

[12] 陈涛，赵军. 中国企业营销渠道冲突与管理战略研究 [J]. 商业经济与管理，2004，6（4）

[13]Anne T.Coughlan，Erin Anderson，Louis W.Stem，Adel I.El-Ansa-ry.Marketing Channels.Beijing：Publish House of Electronic Industry.2003，4.

[14] 郭国庆. 市场营销管理理论与模型 [M]. 北京：中国人民大学出版社，1995.

[15] 柳兴国. 企业和谐营销战略问题探讨 [J]. 济南大学学报（社会科学版），2006（4）

[16] 郭咸纲，陈力凡. 企业柔性战略模式 [M]. 北京：清华大学出版社，2005.

[17] 李敬. 多元化战略——论战略管理丛书 [M]. 上海：复旦大学出版社，2002.

[18] 曲丽主编. 市场营销学 [M]. 北京：清华大学出版社，2009.

[19] 邓德胜等. 市场营销学 [M]. 北京：北京大学出版社，2008.

[20] 朱华主编. 市场营销案例精选精析（第四版）[M]. 北京：中国社会科学出版社，2009.

[21] 刘昱编著. 经典营销案例新编 [M]. 北京：经济管理出版社，2008.

[22] 裴蓉. 市场营销学精华读本 [M]. 北京：民主与建设出版社，2001.

[23] 黄沛. 新编市场营销实务教程 [M]. 北京：清华大学出版社，2005.

[24] 杨丽佳. 市场营销案例与实训 [M]. 北京：高等教育出版社，2006.

[25] 李文国，王秀娥. 市场营销 [M]. 上海：上海交通大学出版社，2005.

[26] 张广玲. 分销渠道管理 [M]. 武汉：武汉大学出版社，2005.

[27] 李甫民. 网络营销教程 [M]. 北京：机械工业出版社，2005.

[28] 曾晓洋. 市场营销学案例集 [M]. 上海：上海财经大学出版社，2005.

[29] 李铭. 市场营销学 [M]. 北京：学苑出版社，2008.

[30] 林建煌. 营销管理 [M]. 上海：复旦大学出版社．2003.

[31] 刘德资. 现代市场研究 [M]. 北京：高等教育出版社，2005.